2011年第3集 • 总第80集

刑事审判参考

Reference to Criminal Trial

中华人民共和国最高人民法院
刑事审判第一、二、三、四、五庭／主办

法律出版社
LAW PRESS • CHINA

2011年第3集·总第80集

刑事审判参考

自首和立功认定专刊编辑说明

自首和立功是我国刑法中重要的刑罚制度。1997 年刑法修订以来,最高人民法院针对司法实践中存在的具体问题,根据有关法律规定,于 1998 年发布了《关于处理自首和立功具体应用法律若干问题的解释》,2009 年会同最高人民检察院联合发布了《关于办理职务犯罪案件认定自首、立功等量刑情节若干问题的意见》,此后,又通过答复、批复等形式对自首和立功的诸多法律适用问题予以细化明确。这些解释及规范性文件对正确适用法律,准确认定,维护法律的公平、公正具有重要意义。

但近年来,随着社会经济、信息化技术等的快速发展,犯罪分子投案方式、检举揭发他人犯罪、协助司法机关抓获其他罪犯的形式亦呈多样化、复杂化趋势。由于法律、法规不可能对这些具体问题一一作出明确规定,因此,实践中对这些新类型的自首、立功的认定及如何量刑依然存在见仁见智、适用标准不一的现象。鉴于这一情势,最高人民法院于 2007 年决定对自首、立功问题进行专题调研。经过长达 3 年之久的广泛、深入的调研及论证,并征求有关部门的意见,最高人民法院于 2010 年出台了《关于处理自首和立功若干具体问题的意见》,以此进一步规范自首、立功的认定标准、量刑标准和查证程序。

为便于准确理解和正确适用上述司法解释及规范性文件,为司法人员处理自首、立功问题提供有针对性和权威性的业务指导和参考,经最高人民法院《刑事审判参考》主编会研究决定,特编辑本期“自首和立功认定专刊”。

本期专刊共设两个栏目：

【指导案例】遴选了近年来各级法院审结的20个典型案例，其中涉及自首的案例11个，涉及立功的案例9个，着重从证据审查、法律适用等角度，重点阐述每个案例的裁判理由，为司法人员准确认定自首、立功提供具体的指导和参考。

【刑事立法、司法规范】汇编了与自首、立功相关的重要法律、司法解释、指导意见等规范性文件，并配发了起草同志撰写的理解与适用文章。

为了充分体现本刊的指导性和实务性，我们缩减栏目，多选案例，并辅以完备的法律、法规节选，以期将本刊编成读者的工具书、手册书。相信本刊会给广大司法工作者、法学研究教学人员带来一定裨益。同时，本刊也是一本生动的普法手册，为广大群众了解我国刑法的自首、立功制度提供了详细、具体的案例，以期赢得广大群众对宽严相济刑事政策的理解和支持。由于时间仓促，编辑工作中难免存在疏漏，欢迎读者提出宝贵意见和建议。

本刊编辑部

2011年9月

目　录

【指导案例】

【刑事立法、司法规范】

【指导案例】
[第695号]

王志勤贪污、受贿案

——余罪自首的证据要求与证据审查

一、基本案情

被告人王志勤,男,1953年12月17日出生,汉族,捕前系郑煤集团公司副总经理。因涉嫌犯贪污罪于2007年1月8日被逮捕。

河南省平顶山市人民检察院以被告人王志勤犯贪污罪和受贿罪向平顶山市中级人民法院提起公诉。

被告人王志勤对起诉书指控的事实和罪名均无异议。

平顶山市中级人民法院经公开审理查明:

1. 关于贪污罪的事实

(1)2000年2月,被告人王志勤利用其担任郑煤集团超化煤矿矿长职务之便,从该矿拨付给运销科1999年销售承包费中取走人民币(以下币种均为人民币)10万元,非法占为已有。

(2)2000年4月至2001年11月,被告人王志勤利用其担任郑煤集团超化煤矿矿长职务之便,从该矿运销科十二次共取走现金48万元,非法占为已有。

(3)2001年夏天,被告人王志勤利用其担任郑煤集团超化煤矿矿长职务之便,将该矿一辆桑塔纳轿车以5万元价格卖给他人,将卖车款非法占为己有。

2. 关于受贿罪的事实

(1)1996年到1999年,被告人王志勤利用其担任郑州矿务局米村煤矿矿长职务之便,分四次收受为继续履行承包合同的米村煤矿井下采面承包人李遂亭所送现金30万元。

(2)1997年上半年,被告人王志勤利用其担任郑州矿务局米村煤矿矿长职务之便,在推荐米村煤矿副矿长候选人时,收受时任米村煤矿调度室主任李保方现金2万元。

2006年12月初,被告人王志勤被河南省纪委立案调查。调查期间,王志勤供述了其贪污63万元的犯罪事实,并揭发了原新密市委正县级调研员刘万法向其索要40万元购车款的受贿事实。2006年12月19日,河南省纪委将王志勤涉嫌贪污一案移交检察机关,在检察机关侦查期间,王志勤又主动供述了受贿30万元的犯罪事实。2007年8月7日,平顶山市中级人民法院以受贿罪判处刘万法有期徒刑十年,刘万法上诉后,河南省高级人民法院二审维持原判。

平顶山市中级人民法院认为,被告人王志勤身为国家工作人员,无视国法,利用职务上的便利及利用职权,侵吞公款63万元,非法收受他人贿赂32万元,为他人谋取利益,其行为已构成贪污罪和受贿罪,并应数罪并罚。鉴于其有自首情节,揭发他人犯罪行为并经查证属实,有立功表现,认罪、悔罪态度较好,积极退出全部赃款,依法可对其减轻处罚。据此判决如下:被告人王志勤犯贪污罪,判处有期徒刑七年,并处没收个人财产5.5万元;犯受贿罪,判处其有期徒刑七年,两罪并罚,决定执行有期徒刑十三年,并处没收个人财产5.5万元。

被告人王志勤上诉称:(1)其检举揭发刘万法受贿40万元经查证属实,系可能判处无期徒刑的犯罪行为,应认定为重大立功;(2)其有自首及重大立功情节,对其应减轻或免除处罚,原判对其量刑过重。

河南省高级人民法院二审经审理查明:河南省纪委对被告人王志勤立案调查前,已经掌握其贪污58万元的犯罪事实,王志勤在纪委调查期间,又供述了纪检机关未掌握的贪污5万元的犯罪事实。

河南省高级人民法院审理后认为,原判认定上诉人王志勤在担任国有企业领导人期间贪污公款63万元及受贿32万元的事实清楚,上诉人王志勤所揭发刘万法受贿的事实,已经平顶山市中级人民法院一审判处有期徒刑十年,并经本院二审维持原判,故其揭发行为只能认定为一般立功。上诉人王志勤在纪检监察机关已掌握其主要贪污事实的情况下作出供述,又无主动投案行为,原判认定贪污罪构成自首不当。上诉人王志勤贪污公款63万元,依法应判处十年以上有期徒刑,但考虑到其有立功情节,并能如实供述调查机关尚未掌握的其他贪污事实,且赃款全部退回,依法仍可对其减轻处罚。原审判决认定事实清楚,定罪准确,量刑适当,审判程序合法,故依法裁定驳回上诉,维持原判。

二、主要问题

1. 对已被采取强制措施的被告人的余罪自首证据材料应如何进行审查?

2. 对于检举揭发他人犯罪行为是否构成重大立功表现的审查认定。

三、裁判理由

(一)人民法院审查被告人是否构成自首,不能仅凭侦查机关出具的情况说明,还应审查被告人相关罪行的立案调查、侦破经过、被告人的供述、相关证人的证明及其他能够证明其自首情况的材料

《最高人民法院、最高人民检察院关于处理自首和立功若干具体问题的意见》(以下简称《意见》)第七条规定:“人民法院审

查自首证据材料，应当包括被告人投案经过、有罪供述以及能够证明其投案情况的其他材料……”该规定意在强调法院应当对被告人的自首情节作为判决事实的重要组成部分进行审查，而不能单纯依赖侦查机关出具的说明材料，对于被告人归案后交代的犯罪事实是否构成自首，也应当按照该规定的精神执行。在国家工作人员贪污、贿赂犯罪案件自首情节的审查中，还应注意的一个问题是，这些案件往往是先经过纪检监察机关的立案调查，再移送检察机关立案侦查，根据《最高人民法院、最高人民检察院关于办理职务犯罪案件认定自首、立功等量刑情节若干问题的意见》（以下简称《职务意见》）的规定，“犯罪事实未被办案机关掌握，或者虽被掌握，但犯罪分子尚未受到调查谈话，或者未被采取调查措施时，向办案机关投案的，是自动投案；没有自动投案，在办案机关调查谈话、采取调查措施期间，如实交代办案机关掌握的线索所针对的事实的，不能认定为自首”。因此，人民法院在审查被告人是否构成自首时，应当注意审查纪检监察机关在立案、调查过程中形成的相关证据，而不能仅以侦查机关出具的证明材料为准。

一审认定本案被告人王志勤的贪污犯罪和受贿犯罪均构成自首，主要依据是侦查机关出具的“情况说明”，该材料表明在调查期间，王志勤主动如实供述了涉嫌贪污人民币63万元的犯罪事实，移交平顶山市检察院办理后，王志勤又主动如实供述了涉嫌受贿30万元的事实，属于自首行为。一审法院在审理时，依据侦查机关出具的证明材料，对两罪均认定为自首。二审法院没有受限于一审法院的认定，针对被告人的自首问题，重新审查了相关证据材料。

本案中关于被告人贪污犯罪事实发现经过的主要证据材料有：(1)证人李建民（时任运销科出纳）、崔振铎（时任超化煤矿运销科长）、陈贵亮（时任超化煤矿经营副矿长）等人的“纪委谈话记录复印件”，反映在省纪委对本案的调查过程中，上述三人于2006

年11月23日至30日期间，向省纪委证明了王志勤按30%的比例多次提取运销科业务费约60万元及后来指使其三人将运销科账目销毁的事实；(2)纪检机关立案调查表等材料，证明12月5日省纪委决定初步核实此事，对王志勤进行谈话；(3)纪检机关的谈话记录证明，12月7日王志勤在谈话中承认从运销科提取了业务费，12月9日具体交代了分13次提取业务费共58万元的事实经过。根据上述证据材料，能够证明两个问题：一是王志勤系被动接受纪检机关的立案调查，没有主动投案行为；二是纪检机关在对王志勤进行调查谈话时，已经掌握其贪污公款的主要事实，这一点在纪检机关向检察机关出具的情况说明中也得到了印证。因此，王志勤对其贪污58万元事实的交代不能认定为自首。王志勤在被"双规"后又交代了纪检机关尚未掌握的5万元贪污事实，根据《职务意见》相关规定的精神，虽然不能认定为自首，但可根据《最高人民法院关于处理自首和立功具体应用法律若干问题的解释》(以下简称《解释》)第四条的规定："被采取强制措施的犯罪嫌疑人、被告人和已宣判的罪犯，如实供述司法机关尚未掌握的罪行，与司法机关已掌握的或者判决确定的罪行属同种罪行的，可以酌情从轻处罚；如实供述的同种罪行较重的，一般应当从轻处罚。"对该5万元部分的贪污罪行可酌情从轻处罚。

本案中关于受贿犯罪事实发现经过的主要证据材料有：(1)侦查卷中行贿人李遂亭的笔录，证明李遂亭于2006年1月17日作证分四次向王志勤行贿30万元的事实；(2)侦查卷中王志勤关于受贿供述的第一份笔录形成于1月18日。从形式审查看，王志勤对其受贿犯罪事实的供述晚于行贿人李遂亭，对此王志勤辩解系其主动向检察机关交代，只是后来才形成的笔录。二审法院经审查后认为，纪检机关向检察机关出具的说明材料中未提到王志勤的受贿犯罪事实，可以证明该事实在纪委办案期间并未掌握；检察机关出具的说明材料证明案件移送检察机关后，在调查期间，王志勤主动交代了受贿30万元的事实,能够印证王志勤辩解该事实由其首先向办案机关供述。因此,可以认定该事实系王志勤主动供述,该事实与检察机关已经掌握的犯罪事实属不同种罪行,按照《职务意见》相关规定以及《解释》第二条的规定:“被采取强制措施的犯罪嫌疑人、被告人和已宣判的罪犯,如实供述司法机关尚未掌握的罪行,与司法机关已掌握的或者判决确定的罪行属不同种罪行的,以自首论。”应认定为自首。

(二)认定被告人检举揭发他人犯罪行为是否构成重大立功表现,应当以其所检举、揭发的他人具体犯罪行为在实际上是否可能被判处无期徒刑以上刑罚为标准,而不是指所揭发犯罪事实的量刑幅度中有无期徒刑这一刑种,也不是指被揭发人的实际宣告刑

本案被告人王志勤在被纪检机关“双规”后,揭发了刘万法受贿40万元一案,并经查证属实,后刘万法因该受贿犯罪被判处有期徒刑十年。被告人王志勤及其辩护人认为所揭发刘万法受贿犯罪属可能被判处无期徒刑以上刑罚之罪,应认定为重大立功表现。一、二审法院经审理,对王志勤的揭发行为均认定为一般立功表现。

根据《解释》第七条的规定,犯罪分子检举、揭发他人重大犯罪行为,经查证属实的,应当认定为重大立功表现;前款所称“重大犯罪行为”的标准,一般是指犯罪嫌疑人、被告人可能被判处无期徒刑以上刑罚或者案件在本省、自治区、直辖市或者全国范围内有较大影响的案件。对这里的“可能被判处无期徒刑以上刑罚”应如何理解,成为司法实务中经常争议的焦点。立法机关设置检举揭发型立功的主要目的在于帮助国家发现犯罪,提高打击犯罪的效率,因此,这种立功的主要价值也在于所检举揭发罪行的社会危害性大小。所揭发罪行的社会危害性越大,揭发行为对国家和社会所作的贡献也就越大,应当受到国家更多的奖赏。这一点在《职务意见》中有明确体现:“可能被判处无期徒刑以上刑罚,是指根据犯罪行为的事实、情节可能被判处无期徒刑以上刑罚。案件

已经判决的,以实际判处的刑罚为准”。另外,由于我国刑法规定的具体犯罪法定刑幅度都比较宽,几乎所有规定无期徒刑以上刑罚的犯罪的量刑幅度均为“十年以上有期徒刑、无期徒刑(或者死刑)”。在这种情况下,如果将《解释》第七条规定理解为所揭发罪行的法定量刑幅度内包括无期徒刑这一刑种,不但与立法本意不符,也会在司法实践中模糊一般立功与重大立功的界限,因此,这种理解是不正确的。

根据上述分析,对被告人检举、揭发他人犯罪是否属于重大立功表现的判断,应当以所检举、揭发的他人具体犯罪行为在实际上是否可能被判处无期徒刑以上刑罚为标准,而不是指所揭发犯罪的量刑幅度中有无期徒刑这一刑种。在被告人所揭发他人犯罪行为未经终审判决的情况下,应根据所揭发具体犯罪行为的社会危害性大小,判断是否可能被判处无期徒刑以上刑罚,确定是否构成重大立功表现;在所揭发他人犯罪已经判决的情况下,当然应以实际判决情况确定其揭发情节是否构成重大立功,但应注意一点,这里的实际判决情况是指在不考虑被告人所具有的法定、酌定从宽情节下,被告人可能被判处的刑罚。根据《意见》第六条的规定,被告人检举揭发他人犯罪行为应判处无期徒刑以上刑罚,但因具有法定、酌定从宽情节,宣告刑为有期徒刑或者更轻刑罚的,不影响对被告人重大立功情节的认定。

具体到本案,被告人王志勤所揭发他人受贿40万元的事实,属一般受贿行为,没有法定或酌定的从重处罚情节,在当前的司法实践中,不属于可能判处无期徒刑以上刑罚的犯罪,法院对该受贿犯罪的判决也反映了这一情况,因此,对被告人的揭发行为,只能认定为一般立功表现。

(撰稿:河南省高级人民法院　蔡智玉
审编:最高人民法院刑一庭　薛淑兰)

[第696号]

谭继伟交通肇事案

——交通肇事后报警并留在现场等候处理的,应认定为自动投案

一、基本案情

被告人谭继伟,男,1973年9月13日出生,汽车驾驶员。因涉嫌犯交通肇事罪于2007年5月9日被取保候审,2007年9月4日被逮捕。

重庆市垫江县人民检察院以被告人谭继伟犯交通肇事罪,向垫江县人民法院提起公诉。

垫江县人民法院经公开审理查明:2007年5月5日23时30分许,被告人谭继伟持C1照驾驶证驾驶渝F90752号面包车在垫江县渝巫路石岭收费亭前撞倒行人许武权,致其颅脑损伤而当场死亡。公安机关交通事故认定书认定谭继伟对本次事故负主要责任。

垫江县人民法院认为,被告人谭继伟驾车行驶中,违反道路交通管理法规,造成一人死亡的重大交通事故,负事故主要责任,其行为已构成交通肇事罪,应依法惩处。依照《中华人民共和国刑法》第一百三十三条的规定,判决如下:

被告人谭继伟犯交通肇事罪,判处有期徒刑一年零六个月。

一审宣判后,被告人谭继伟提出上诉称:(1)一审未认定其自

首情节;(2)积极赔偿被害方经济损失,请求对其宣告缓刑。

重庆市第三中级人民法院经公开审理查明:2007 年 5 月 5 日 23 时 30 分许,被告人谭继伟持 C1 照驾驶证驾驶渝 F90752 号面包车由重庆市垫江县城向新民方向行驶,当车行驶至城北小学路口处,会车时发生交通事故,致行人许武权当场死亡。经法医鉴定,许武权系外力所致颅脑损伤死亡。公安机关交通事故认定书认定,谭继伟负本次事故的主要责任。谭继伟在发生交通事故后,立即拨打了 120 急救电话及 122 交通事故报警电话,留在现场等候处理,后随交警到公安机关如实交代了犯罪事实。案发后,谭继伟亲属积极赔偿被害人亲属的经济损失,并取得被害人亲属的谅解。

重庆市第三中级人民法院认为,被告人谭继伟的行为已构成交通肇事罪。谭继伟在发生交通事故后,立即拨打了 120 急救电话及 122 交通事故报警电话,留在现场等候处理,后随交警到公安机关如实交代了犯罪事实,系自首,依法可予从轻处罚。谭继伟认罪态度好,其亲属积极赔偿被害人亲属的经济损失,并取得被害人亲属的谅解,可酌情予以从轻处罚。据此,依照《中华人民共和国刑事诉讼法》第一百八十九条第三项,《中华人民共和国刑法》第一百三十三条、第六十七条第一款、第七十二条第一款之规定,判决如下:

1. 撤销垫江县人民法院(2007)垫刑初字第 157 号刑事判决,即被告人谭继伟犯交通肇事罪,判处有期徒刑一年零六个月。

2. 被告人谭继伟犯交通肇事罪,判处有期徒刑一年,缓刑一年零六个月。

二、主要问题

1. 交通肇事后报警并留在现场等候处理的,能否认定为自动投案?

2. 对被告人谭继伟的交通肇事行为如何量刑?

三、裁判理由

(一)交通肇事后报警并留在现场等候处理的,应认定为自动投案

本案是一起典型的交通肇事案,在发生交通事故后,被告人谭继伟没有逃逸,而是立即拨打了120急救电话及122交通事故报警电话,留在事故现场等候处理,后随交警到公安机关如实交代了犯罪事实。对其交通肇事后积极报警施救并留在现场接受交警处理的行为,能否认定为自动投案?对此,审理过程中存在两种不同意见:

一种意见认为,被告人谭继伟在交通肇事后,主动向公安机关报告,是履行其法定义务。因为《道路交通安全法》第七十条第一款规定:"在道路上发生交通事故,车辆驾驶人应当立即停车,保护现场;造成人身伤亡的,车辆驾驶人应当立即抢救受伤人员,并迅速报告执勤的交通警察或者公安机关交通管理部门……"该款对具有特定身份的车辆驾驶人明确赋予强制性法定义务,因此,谭继伟在事故发生后主动报警接受处理的行为是他作为交通事故肇事者应当履行的法定义务,如果将这一行为认定为自首,就是对同一行为进行了双重评价,违反了禁止重复评价的法律原则。所以,谭继伟的上述行为只能视为一名肇事者在履行其法定义务,不能认定为自首,但在处罚时可作为酌定量刑情节予以考虑。

另一种意见认为,被告人谭继伟在交通肇事后,没有逃逸,而是留在现场并立即拨打了120急救电话及122交通事故报警电话,保护现场,抢救伤者和财产,主动向公案机关报案,并如实供述自己的罪行,其行为符合自首的成立条件,应依法认定为自首。

我们同意后一种意见,具体理由如下:

对交通肇事罪的行为人适用自首规定,符合刑法的基本原则。

1. 对交通肇事罪的行为人适用自首规定,是罪刑法定原则的

当然要求,是刑法第三条规定的应有之义。罪刑法定原则要求对行为人定罪处刑要以刑法的明确规定为依据,刑法没有明确规定的,不得定罪处刑。这里定罪处刑当然包括定罪和处刑两个方面。不仅罪与非罪、此罪与彼罪的区分须有明确的法律依据,认定自首、立功等法定量刑情节也必须以法律的明文规定作为依据。根据刑法第一百零一条的规定,刑法总则适用于刑法分则,除非刑法分则有特殊规定。刑法总则并没有对适用刑法第六十七条关于自首的条件作出任何限制性规定,刑法第一百三十三条关于交通肇事罪的规定,也没有排除自首制度的适用。因此,刑法总则关于自首的规定是完全适用于刑法分则第一百三十三条交通肇事罪的。虽然《道路交通安全法》明确规定,肇事后停车报警、抢救伤员和财产、保护现场是肇事者的法定义务,但这只是行政法规对肇事者规定的行政法定义务,并不能成为成立刑法上自首的阻却理由,更不能因为多数肇事者事后履行行政法定义务的行为就否认其成立自首。

2. 对交通肇事罪的行为人适用自首规定,是刑法平等原则的必然要求。刑法的平等原则简单说就是在刑法面前人人平等,其重要内容之一就是平等地裁量刑罚。具体说就是,在犯罪性质、危害程度和行为人的人身危险性都相同的情况下,所处的刑罚也应当相同。就交通肇事者是否适用自首的规定,即是平等地裁量刑罚的问题。如果交通肇事者在肇事后积极救助伤者、及时报警、保护现场,并留在现场等候处理,到案后能如实供述,其行为符合了刑法关于自首成立的一般规定,就应当与构成自首条件的其他犯罪的行为人平等地被认定为自首。否则,对交通肇事者而言,就是不平等地适用法律,违反了刑法的平等原则。

3. 对交通肇事罪的行为人适用自首规定,体现了罪刑相适应原则。罪刑相适应,是指刑罚的轻重应当与犯罪分子所犯罪行和承担的刑事责任相适应。该原则要求对犯罪人量刑要以犯罪的危害程度以及犯罪人的人身危险性为尺度,其中包括两个方面:其一,犯罪行为本身的危害程度;其二,犯罪人的主观恶性。就交通肇事者而言,对其量刑,其一,要考虑其交通肇事本身的危害程度;其二,要考虑肇事者是否履行行政法规定的行政法定义务,在接受处理时是否如实供述等,肇事者的事后行为如果符合了自首的一般规定,说明其人身危险性有所减轻,就应对其予以正面积极的评价,认定其具有自首情节,量刑时也要予以考虑。只有将履行了行政法定义务的情况与不履行政法定义务的情况区别对待,才能真正体现罪刑相适应原则。如此,还能确立良好的价值导向,鼓励肇事者事后积极施救,积极配合有关机关的处理,从而有效地防止危害后果的进一步扩大,节约司法成本。反对交通肇事适用自首制度的学者指出,刑法第一百三十三条对交通肇事罪规定了三档法定刑,其中第二档专门适用于交通肇事后逃逸和具有恶劣情节的交通肇事罪。交通肇事后逃逸的,适用第二档法定刑,交通肇事后不逃逸的才适用第一档法定刑。该观点认为,所谓交通肇事后不逃逸,其实就是主动报警、保护现场、等候处理或者护送被害人去医院。可见,从逻辑上分析,立法原意本来就没有把肇事后主动报警的行为按自首处理,而是隐含在较轻的量刑幅度处理。该观点将不逃逸解释为自首,明显不当。因为不逃逸并不等于自首,其间存在诸多中间形态。比如,肇事后既没有主动报警,也没有保护现场和救助被害人,仅仅留在现场,事后也不如实供述自己罪行,这既不是逃逸,也不是自首。如果将这种既不逃逸也不报警的情况,或者报警后不如实供述的情况,与肇事后主动报警、保护现场、等候处理和如实供述的情况都适用第一档法定刑,不仅违背了罪刑相适应原则,还违背了平等原则。

4. 对交通肇事罪的行为人适用自首规定,不违背禁止重复评价原则。重复评价,是指同一个量刑情节被重复利用了两次。那种认为在交通肇事案件中,肇事者在事故发生后主动报告公安机关,是其应当履行的法定义务,而不能认定为自首的观点是不正确的。首先,交通肇事后的法定义务是在《道路交通安全法》中规定的,在刑法中被规定为法定从轻情节,并不违反禁止重复评价原则。其次,履行行政法定义务与自首并非等同关系,最为明显的是,行为人虽然保护现场、抢救伤者并报警,但并不承认自己是肇事者即不如实供述自己罪行的,纵然履行了行政法定义务,也不符合自首条件,既然并非等同,就不存在重复评价的问题。换言之,不履行《道路交通安全法》规定的行政法定义务,所承担的是行政法的法律后果,履行此行政法定义务,虽然可以避免在行政法上承担更为严重的责任,但并没有成为行政处罚的从轻、减免情节。所以,在刑事审判过程中,依据刑法认定其自首,并不与行政法重复评价。

2010年12月22日《最高人民法院关于处理自首和立功若干具体问题的意见》(以下简称《意见》)也明确规定,交通肇事后保护现场、抢救伤者,并向公安机关报告的,应认定为自动投案,到案后如实供述自己的犯罪行为的,应当认定为自首,只是在量刑时应考虑到上述行为同时系犯罪嫌疑人的法定义务,对其是否从宽、从宽幅度要适当从严掌握。《意见》再次肯定了交通肇事犯罪案件中,如果肇事者在事故发生后没有逃逸,保护现场,抢救伤者和财产,主动向公案机关报案或自动投案,并如实供述自己的罪行的,应当依法认定为自首。该《意见》还明确规定,交通肇事逃逸后自动投案,如实供述自己罪行的,也应认定为自首,但在量刑时,应依法以较重法定刑为基准刑,视情况决定对其是否从宽处罚以及从宽处罚的幅度。

司法实践中,以下几类交通肇事后报警,并在现场等候处理的行为,均应认定为自首:(1)交通肇事后,立即报警,保护现场、抢救伤员和财产,归案后又如实供述自己罪行的;(2)交通肇事后,委托他人代为报警,自己忙于保护现场、抢救伤员和财产,归案后又如实供述自己罪行的；(3)交通肇事后，明知他人已经报警，自己在现场等候交警部门处理，归案后又如实供述自己罪行的。

(二)行为人在交通肇事后自首的，且通过亲属积极赔偿被害方的经济损失，取得被害方谅解的，一般应予从宽处罚

《最高人民法院关于贯彻宽严相济刑事政策的若干意见》第一条规定，贯彻宽严相济刑事政策，要根据犯罪的具体情况，实行区别对待，做到该宽则宽，当严则严，宽严相济，罚当其罪。第十七条和第二十三条进一步规定，对于自首的被告人，除了罪行极其严重、主观恶性极深、人身危险性极大，或者恶意地利用自首规避法律制裁者除外，一般均应当依法从宽处罚；被告人案发后对被害人积极进行赔偿，并认罪、悔罪的，依法可以作为酌定量刑情节予以考虑，犯罪情节轻微，取得被害人谅解的，可以依法从宽处理。本案中，被告人谭继伟在驾车行驶过程中，违反道路交通管理法规，造成致一人死亡的重大交通事故，且负事故主要责任，其行为已构成交通肇事罪，依法判处其有期徒刑一年零六个月。但没有认定被告人谭继伟在交通肇事后，积极报警施救并接受交警处理的行为构成自首。二审法院经审理查明，认为该行为构成自首；同时，在二审审理过程中，谭继伟的亲属与被害人的亲属达成了和解协议，赔偿了被害人经济损失人民币20万元，取得了被害人亲属的谅解，被害人亲属也请求法院对谭继伟从轻处罚。综上，二审法院认为，谭继伟交通肇事后，有自首情节，可以对其从轻处罚；谭继伟在庭审中，认罪态度好，并真诚悔罪，通过其亲属积极赔偿被害人的经济损失，可以酌情对其从轻处理。于是，二审法院撤销了一审法院的判决，以谭继伟犯交通肇事罪，判处有期徒刑一年，缓刑一年零六个月。综合本案的犯罪性质、情节、危害后果及行为人的主观恶性、人身危险性以及犯罪后的悔罪表现，根据宽严相济的刑事政策，对犯罪分子适用

缓刑确实不致再危害社会的,可以宣告缓刑。因此,二审法院对谭继伟适用缓刑是适当的。

(撰稿:北京市第一中级人民法院　周　军
最高人民法院刑一庭　张　眉
审编:最高人民法院刑一庭　薛淑兰)

[第697号]

王友彬交通肇事案

——交通肇事后逃逸又自动投案的构成自首，应在逃逸情节的法定刑幅度内视情决定是否从轻处罚

一、基本案情

被告人王友彬，男，1975年10月30日出生。因涉嫌犯交通肇事罪于2009年4月17日被逮捕。

福建省厦门市集美区人民检察院以被告人王友彬犯交通肇事罪，且肇事后逃逸，向集美区人民法院提起公诉。

被告人王友彬对指控其犯交通肇事罪无异议，但否认肇事后逃逸，其辩称：肇事后离开医院是为了到海边散心。其辩护人提出：被告人不构成交通肇事后逃逸，且具有自首情节。

集美区人民法院经公开审理查明：

2009年3月13日21时25分许，被告人王友彬驾驶闽DBV098轿车附载王建设、王志远沿厦门市集美区403县道由西往东行驶至5km+800m集美区后溪镇港头路段时，碰撞因故障停在同向南侧慢车道上由陈世新驾驶的闽D20309重型半挂牵引车牵引的闽D0196挂重型集装箱半挂车左后部，后撞到403县道北侧隔离带上的214号路灯杆，造成附载人员王建设当场死亡、王志远轻伤的重大交通事故。

事故发生后，被告人王友彬因昏迷被送往厦门市中山医院治疗。同月14日10时许，王友彬擅自离开医院，后经交警部门多方工作及多次电话通知，于当日21时许到集美区交警大队接受调查，如实供述了其交通肇事的犯罪事实。经现场勘查、调查取证、技术鉴定，交警部门认定王友彬对本起事故负主要责任，闽D20309重型半挂牵引车驾驶员陈世新负次要责任。另经调解，王建设的亲属与王友彬达成调解协议，对王友彬表示谅解。

集美区人民法院认为，被告人王友彬违反交通管理法规，造成一人死亡、一人轻伤的重大交通事故，负事故主要责任，其行为已构成交通肇事罪，且肇事后逃逸，应依法惩处。王友彬在犯罪后能自动投案，如实供述自己的罪行，构成自首，依法可予减轻处罚。鉴于王友彬对被害人亲属积极进行赔偿，已取得被害人亲属的谅解，可酌情予以从轻处罚，且其已认罪、悔罪，适用缓刑不致再危害社会，依法可适用缓刑。关于辩护人所提王友彬不构成交通肇事后逃逸的辩护意见，经查与事实不符，不予采纳；所提王友彬有自首情节的辩护意见，理由充分，予以采纳。据此，依照《中华人民共和国刑法》第一百三十三条、第六十七条、第七十二条、第七十三条的规定，判决如下：

被告人王友彬犯交通肇事罪，判处有期徒刑二年，缓刑三年。

宣判后，被告人王友彬没有上诉，公诉机关也未提出抗诉。

二、主要问题

1. 被告人王友彬的行为是否构成“交通肇事后逃逸”？

2. 交通肇事逃逸后，又自动投案，如实供述罪行的，是否构成自首，且如何量刑？

三、裁判理由

被告人王友彬在交通肇事后擅自离开就诊医院，十余小时后才到交警部门接受调查处理，其行为是否构成“交通肇事后逃逸”？对此，审理过程中存在不同意见。第一种意见认为，王友彬在交通事故发生后擅自离开就诊医院,属于逃离事故现场,已构成逃逸,无论逃逸多久、多远,也无论其事后有何举动,均不影响认定逃逸;第二种意见认为,王友彬虽然擅自离开就诊医院,但数小时后即到交警部门接受调查处理,并未逃避法律追究,不构成逃逸;第三种意见认为,王友彬只是离开就诊医院,不属于逃离事故现场,不构成逃逸。

我们同意第一种意见,被告人王友彬构成"交通肇事后逃逸"。在此,有必要对"交通肇事后逃逸"的时间、地点进行界定,以明晰其成立要件。

(一)对交通肇事后逃逸的时空界定

刑法第一百三十三条规定:"违反交通运输管理法规,因而发生重大事故,致人重伤、死亡或者使公私财产遭受重大损失的,处三年以下有期徒刑或者拘役;交通运输肇事后逃逸或者有其他特别恶劣情节的,处三年以上七年以下有期徒刑;因逃逸致人死亡的,处七年以上有期徒刑。"该规定将"交通肇事后逃逸"、"因逃逸致人死亡"作为交通肇事罪的法定加重情节,并设定了不同的法定刑幅度。

《最高人民法院关于审理交通肇事刑事案件具体应用法律若干问题的解释》(以下简称《解释》)第三条规定:"'交通运输肇事后逃逸',是指行为人具有本解释第二条第一款规定和第二款第(一)至(五)项规定的情形之一,在发生交通事故后,为逃避法律追究而逃跑的行为。"据此,判断行为人是否构成"交通肇事后逃逸",应从以下几方面来进行分析:

1. 考察行为人的交通肇事行为是否已构成交通肇事罪的基本犯。根据《解释》第二条第一款和第二款第一至五项的规定,行为人只有具备以下八种情形,才可能构成交通肇事罪基本犯,即(1)死亡一人或者重伤三人以上,负事故全部或者主要责任的;(2)死亡三人以上,负事故同等责任的;(3)造成公共财产或者他人财产直接损失,负事故全部或者主要责任,无能力赔偿数额在三十万元以上的;(4)酒后、吸食毒品后驾驶机动车辆的,交通肇事致一人以上重伤,负事故全部或者主要责任;(5)无驾驶资格驾驶机动车辆的,交通肇事致一人以上重伤,负事故全部或者主要责任;(6)明知是安全装置不全或者安全机件失灵的机动车辆而驾驶的,交通肇事致一人以上重伤,负事故全部或者主要责任;(7)明知是无牌证或者已报废的机动车辆而驾驶的,交通肇事致一人以上重伤,负事故全部或者主要责任;(8)严重超载驾驶的,交通肇事致一人以上重伤,负事故全部或者主要责任。因此,如果行为人肇事情节轻微,负事故次要或同等责任,未造成人员伤亡或重大财产损失的,由于其行为不构成交通肇事罪的基本犯,即使其在交通事故发生后逃逸,也不构成"交通肇事后逃逸"。

2. 考察行为人是否明知自己造成了交通事故。这里所说的"明知",是指行为人"知道"或者"应当知道"。如果行为人"应当知道"自己造成了交通事故而装作不知道,逃离事故现场的,仍应认定为"交通肇事后逃逸"。判断行为人是否明知,应坚持主客观相统一的原则,不仅要看行为人的供述,还应从肇事当时的时间、地点、路况、行为人具备的知识、经验等方面客观地评判其是否明知,从而确定其是否构成逃逸。

3. 考察行为人是否具有逃避法律追究的主观目的。这里的"逃避法律追究",既包括逃避刑事法律追究,也包括逃避民事法律追究、行政法律追究。具体而言,就是不履行相关法定义务,如保护现场、抢救伤者、迅速报案、听候处理等义务,逃避承担相应的法律责任,如民事赔偿、行政处罚、刑事定罪处刑等责任。行为人在发生交通事故后,只要逃避上述任何一种法律责任追究,即为"逃避法律追究"。

4. 考察行为人客观上是否实施了逃离现场的行为。具体而言,是指行为人交通肇事后,在接受事故处理机关首次处理前,故意逃离事故现场或相关场所,使自身不受被害方、群众或事故处理人员控制的行为。这里就涉及对“交通肇事后逃逸”的时空界定问题,只有对“逃逸”的时间、地点予以明确,才能准确判断行为人是否实施了逃离现场的行为。

首先,必须对行为人“逃逸”的时间予以界定。《解释》将“逃逸”的时间界定为“在发生交通事故后”。那么,是否在事故发生后的任何时间逃跑,均可认定为逃逸?我们认为不是。只有发生在交通事故发生后、行为人接受事故处理机关首次处理前这一段时间内的逃跑行为方能成立本规定中的“逃逸”。所谓首次处理,是指事故处理机关将行为人列为肇事嫌疑人采取的首次处理措施,如接受审讯、酒精含量检测、行政拘留、刑事拘留等。如行为人交通肇事后留在现场接受调查,但未如实供述,且让他人顶罪,事故处理机关对其询问时并未将其列为肇事嫌疑人,其事后逃跑的,也应认定为交通肇事后逃逸。但如果行为人接受首次处理后逃跑,由于被害人一般都已经得到救治,事故行为人也已确定,行为人的逃跑不会再扩大或加重对被害人的危害后果,实为脱离事故处理机关控制、监管的脱逃行为,故不应再将其认定为交通肇事后的逃逸行为,对此,依法追究其脱逃行为的责任即可。如果行为人在事故发生后已被公安机关采取刑事拘留或者取保候审等强制措施的,又实施逃离现场行为的,可依法追究其脱逃行为的责任,而不应再将其脱逃行为认定为交通肇事后的逃逸行为。

需要注意的是,行为人为逃避法律追究,在事故发生后、被作为肇事嫌疑人接受事故处理机关首次处理前,实施逃离现场行为的,一经实施即告成立,不论其逃离现场多远或逃逸的时间有多久,也不论其逃逸后有何举动,均不影响对其逃逸行为性质的认定。因此,行为人为逃避法律追究,逃离事故现场,后基于个人良心发现而返回现场、接受处理,或者逃离现场不远即被拦截、抓获,均不影响“交通肇事后逃逸”情节的成立。

其次,必须对行为人"逃逸"的空间予以界定。《解释》未对逃跑的场所作出限定,但从其条文意旨看,应不局限于"事故发生现场"。所谓现场,是指犯罪分子作案的地点和遗留与犯罪有关的痕迹、物品的一切场所。我们认为,交通肇事逃逸的现场不仅包括事故发生现场,而且包括与事故发生现场具有紧密联系的场所,如抢救事故伤亡者的医院、调查事故责任的交警部门等。因为逃离事故发生现场固然会使事故责任认定等陷于困境,但逃离医院、交警部门等场所也会妨碍事故处理,逃避法律追究。例如,行为人交通肇事后未逃离事故现场,主动将伤者送往医院抢救,后恐承担医疗费用或者为了逃避刑事责任而擅自离开医院的,属逃离现场,应认定为逃逸。又如,行为人交通肇事后主动前往交警部门办公楼,欲投案自首,后畏罪潜逃,其离开事故发生现场时虽未产生逃避法律追究目的,但离开事故处理现场的目的是逃避法律追究,亦属逃离现场,应认定为逃逸。

本案中,被告人王友彬在事故发生后擅自离开医院的行为符合"交通肇事后逃逸"的成立要件,理由如下:

第一,王友彬构成交通肇事罪,具备逃逸的前提条件。其交通肇事致一人死亡、一人轻伤,负事故主要责任,具有《解释》第二条第一款第一项规定的情形,已达到交通肇事罪的入罪标准。

第二,王友彬明知已发生交通事故,且为逃避法律追究而逃跑,具备逃逸的主观要件。王友彬被送往医院后与他人有过多次通话联系,说明其神志清楚,已知发生交通事故,且其擅自离开医院后经交警部门多次通知未及时到案,相隔十余小时到案后亦未给出合理解释,可推定其基于逃避法律追究的目的而离开医院。

第三,王友彬客观上实施了逃离现场的行为,符合逃逸的时空条件。王友彬在接受交警部门首次处理前,为逃避法律追究擅自离开与其肇事行为具有紧密联系的抢救医院,构成交通肇事后的逃逸行为,且一经实施即告成立。因此,尽管其逃离抢救场所后又主动到交警部门接受处理,仍不影响认定其成立“交通肇事后逃逸”。

(二)行为人交通肇事后逃逸,后又自动投案、如实供述罪行的,构成自首,但应以“交通肇事后逃逸”的法定刑为基准,视情决定对其自首是否从轻处罚

被告人王友彬交通肇事后逃逸,十余小时后到交警部门接受调查,如实供述了其交通肇事的犯罪事实,是否构成自首?对此,审理过程中存在较大分歧。第一种意见认为,王友彬符合自首的法定条件,应认定为自首;第二种意见认为,王友彬主动投案后,否认肇事后逃逸,未如实供述罪行,不能认定为自首;第三种意见认为,交通肇事后逃逸不存在自首问题,如认定为自首,说明行为人没有逃避法律追究的主观目的,则不能认定为逃逸。

我们同意第一种意见,行为人交通肇事逃逸后主动投案,如实供述自己罪行,仍可成立自首情节,理由如下:

1. 刑法总则规定的自首制度,应对刑法分则各罪符合自首成立要件的情形普遍适用。按照刑法总则指导分则的原理,无论行为人交通肇事后是否逃逸,只要符合刑法总则第六十七条规定的自首成立要件,即自动投案、如实供述自己罪行两个要件,均可成立自首情节。

2. “交通肇事后逃逸”和“投案自首”是在两种主观故意支配下实施的两个独立行为,应分别进行法律评价。逃逸是行为人为逃避法律追究而实施的逃跑行为,自首是行为人出于本人意愿自动投案、如实供述罪行的行为,两者相互独立,互不影响。不能因为行为人肇事后逃逸而否定其事后投案自首,也不能因为其事后自首而推翻对其先前逃逸行为的认定。

3. 对自动投案、如实供述罪行的交通肇事逃逸者适用自首,有利于鼓励肇事者主动投案,悔过自新;同时,有利于在最短时间内查清事实、分清责任,及时赔偿被害方,使案件得以及时侦破、审

结，节约司法资源，符合刑法立法本意。

基于此，2010 年《最高人民法院关于处理自首和立功若干具体问题的意见》（以下简称《意见》）第一条第三款明确规定："……交通肇事逃逸后自动投案，如实供述自己罪行的，应认定为自首。但应依法以较重法定刑为基准，视情决定对其是否从宽处罚以及从宽处罚的幅度。"

具体到本案，被告人王友彬交通肇事后逃逸，后又主动到交警部门接受调查处理，如实供述其交通肇事罪行，应认定为自首。需要指出的是，王友彬否认肇事后逃逸，不影响成立自首。根据 2004 年《最高人民法院关于被告人对行为性质的辩解是否影响自首成立问题的批复》的规定，行为人对行为性质的辩解不影响自首的成立。王友彬归案后对于自己交通肇事始终供认，只是对离开医院的目的、性质进行辩解，仍属如实供述罪行，不影响成立自首。

具体到量刑，根据《意见》第一条第三款的规定，被告人王友彬具有"交通肇事后逃逸"的法定加重情节，对其量刑时，应依法以较重法定刑为基准，在综合考察其犯罪情节、危害后果、主观恶性、人身危险性等因素的基础上，决定是否对其予以从宽处罚及从宽幅度。王友彬既有自首的法定情节，又有积极赔偿、取得被害人亲属谅解的酌定情节。根据 2010 年《最高人民法院关于贯彻宽严相济刑事政策的若干意见》第十七条、第二十三条的规定，对于自首的被告人，除了罪行极其严重、主观恶性极深、人身危险性极大，或者恶意利用自首规避法律制裁者以外，一般均应依法从宽处罚；对于积极赔偿被害人且取得谅解的，亦应作为酌定量刑情节予以考虑。因此，原审法院以较重法定刑为基准，决定对王友彬从宽处罚，既符合《意见》的有关规定，也符合宽严相济刑事政策的精神。

需要指出的是，王友彬逃离抢救场所的行为，并未致使被害人得不到救助而死亡，不符合《解释》第五条规定的情形，不属“因逃逸致人死亡”，应适用三年以上七年以下有期徒刑作为基准刑。原审法院在此基础上对其减轻处罚是适当的。

（撰稿：福建省厦门市集美区人民法院　张显春
最高人民法院刑一庭　何东青
审编：最高人民法院刑一庭　薛淑兰）

[第698号]

熊华君故意伤害案

——现场待捕型自首的认定条件

一、基本案情

被告人熊华君,男,1977年2月5日出生,因涉嫌犯故意伤害罪,于2007年7月20日被逮捕。

湖北省武汉市武昌区人民检察院以被告人熊华君犯故意伤害罪,向武汉市武昌区人民法院提起公诉。

武昌区人民法院经公开审理查明:

2007年6月22日13时,被告人熊华君在位于武汉市武昌区和平大道745号铁道部第四勘察设计院(以下简称铁四院)门口,因安装报警装置与铁四院值班室内午休的保安唐某某发生口角,后相互扭打,其间被告人熊华君用安装报警装置所用的起子将唐某某的颈部捅伤,致使其左侧颈外动脉破裂急性大失血休克而死亡。案发后,在场的另一名保安送唐某某去医院,同时通知了铁四院公安处。熊华君在现场等待公安人员到来,并供认了上述犯罪事实。经报警,武昌区公安分局杨园街派出所民警至案发单位将熊华君带回派出所接受讯问。

2007年7月5日,被告人熊华君的家属与被害人唐某某的家属针对民事赔偿事宜,自愿达成和解协议,由熊华君家属及熊华君所在单位共同赔偿人民币40万元(已支付),被害人的家属据此向司法机关书面请求减轻对被告人熊华君的刑事处罚。

武昌区人民法院依照《中华人民共和国刑法》第二百三十四条第二款、第四十七条、第六十七条及《最高人民法院关于处理自首和立功具体应用法律若干问题的解释》第一条第一项的规定，于2007年10月19日对被告人熊华君判决如下：

被告人熊华君犯故意伤害罪，判处有期徒刑三年。

一审宣判后，被告人熊华君服判，不上诉。公诉机关武昌区人民检察院亦未提出抗诉。

二、主要问题

被告人熊华君明知他人报案而在现场等待，抓捕时无拒捕行为，供认犯罪事实的行为是否构成自首？

三、裁判理由

刑法第六十七条第一款规定："犯罪以后自动投案，如实供述自己的罪行的，是自首……"自动投案，是指犯罪嫌疑人在犯罪之后，未被询问也未被采取强制措施之前，出于本人的意志而向有关机关或个人承认自己实施了犯罪，并自愿置于有关机关或个人的控制之下，等待进一步交代犯罪事实的行为。1998年施行的《最高人民法院关于处理自首和立功具体应用法律若干问题的解释》（以下简称《解释》）第一条第一项以列举的方式规定了七种可视为自动投案的特殊情形，但并没有涵盖犯罪后在现场等待抓捕这一情形。多年以来，司法实务界对现场待捕情形的认识和理解存在分歧，各地判例不一。直至2010年12月，最高人民法院发布了《关于处理自首和立功若干具体问题的意见》（以下简称《意见》），明确规定犯罪嫌疑人"明知他人报案而在现场等待，抓捕时无拒捕行为，供认犯罪事实的"应当视为自动投案，由此明确了作案后未逃跑而在现场等待抓捕的行为可否认定为自首的问题。

但是，根据《意见》的规定，并非所有留在现场等待抓捕的行为都成立现场待捕型自首。根据刑法和有关司法解释关于自首的立法精神，考虑到犯罪嫌疑人投案的主动性和自愿性，我们认为，认定现场待捕型自首还应该具备以下四个条件：

1. 现场待捕的非被动性。犯罪嫌疑人在作案后留在现场，尽管只是消极地等待公安人员的抓捕，没有积极主动的投案行为，但也必须是犯罪嫌疑人在没有强力控制、可以逃匿的前提下，出于其独立意愿主动留在案发现场，而不能是一种客观无奈的选择。如果犯罪嫌疑人作案后由于被害人阻拦、群众围堵等客观情况而难以离去，或因受伤、突发疾病等自身缘故无法离开现场，或留在现场是为了继续犯罪，或类似列举情形的，都不应该视为自首。当然，是否有强力控制、是否可以逃匿，应当采取主观说，即犯罪嫌疑人认为不存在外力强制或自认具备逃逸条件。在本案中，当另一名保安送被害人去医院抢救，现场仅有熊华君及其两名同事的情况下，熊华君始终没有试图离开的意思表示和行为，而是一直在现场等待公安人员的抓捕。熊华君在行为上表现为消极地等待，却显示出将自身置于司法机关控制下的自愿性和候捕的自动性。

2. 对于他人报案的明知性。刑法中的明知有两层含义：知道、应当知道。因此，对犯罪嫌疑人犯罪后对于他人报案的明知性也应当分这两层含义理解：一是行为人听见、看见或者被明确告知已有人报案；二是依照一般常识判断，案发后现场应当有其他人报案，因此，只要行为人的精神、智力等同于常人，也可推断行为人应当知道有人已经报案。例如，案发现场有大量围观群众，即使行为人没有听到、看到有人报案，但可以推断其有人已报案或者会报案。当然，对他人是否报案的合理推断，应当根据案件当时的实际情况，如案发的时间是白天还是晚上，案发当时是否有目击者、目击者的数量、目击者的行为表现等进行综合判断。犯罪嫌疑人明知他人已经报案，仍然留在现场等待抓捕，可以视为犯罪嫌疑人对他人报案行为的一种追认。这起故意伤害案发生在中午 1 时许，现场共有 5 人，熊华君在捅伤被害人后，在场的另一名保安先去了一趟离案发现场最近的办公楼,再返回送受伤同事去医院急救——根据案件当时的情况,熊华君理应推断出此保安进办公楼应当是向有关机关报案。

3. 被抓捕时行为的服从性。在公安人员到场后主动承认犯罪行为,表现为基于本人意志,自愿置身于司法控制之下。犯罪嫌疑人对于公安人员到现场的抓捕在行为上应表现为顺从配合,这种顺从配合不仅要表现在被抓捕时,还应表现在此后的押解过程中。在本案中,熊华君面对最先来到现场的铁四院公安处民警时,就承认了自己的犯罪行为,并按其要求前往铁四院公安处的办公室,随后又被闻讯赶来的杨园街派出所民警押解回办案单位。在整个抓捕、押解过程中,熊华君不抗拒、不脱逃,按照公安人员的要求顺利到达羁押场所。

4. 供认犯罪事实的彻底性。犯罪嫌疑人应如实供述自身罪行,对犯罪事实供认不讳,这是自首"如实供述"条件的要求。值得注意的是,犯罪嫌疑人对自己行为性质的辩解不应被视为对如实供述自身罪行行为的否定。熊华君归案后如实供述了案件的发生经过,在法庭上对自己的犯罪事实也供认不讳。虽然他辩称不是有意要伤害被害人,其辩护人也发表了被告人系在本能防卫过程中失手伤害了被害人的辩护意见,但这些都应属于对具体犯罪事实性质的不同理解和认识,不影响对熊华君是否如实供述自身主要犯罪事实的认定。

综上,被告人熊华君理应知道他人已经报案而自愿在现场等待,配合公安机关的抓捕,如实供认自身罪行,符合刑法关于自首的立法本意,故认定熊华君的现场待捕行为构成自首是适当的。

(撰稿:湖北省武汉市中级人民法院　许　军
审编:最高人民法院刑一庭　薛淑兰)

[第699号]

吕志明故意杀人、强奸、放火案

——如何认定“送亲归案”情形下的自动投案

一、基本案情

被告人吕志明,男,1979年5月29日出生,农民。因涉嫌犯故意杀人罪、强奸罪、放火罪于2009年8月20日被逮捕。

黑龙江省双鸭山市人民检察院以被告人吕志明犯故意杀人罪、强奸罪、放火罪,向双鸭山市中级人民法院提起公诉。

被告人吕志明及其辩护人提出,吕志明系主动投案,具有自首情节;吕志明认罪态度好、悔罪,请从轻处罚。

双鸭山市中级人民法院经审理查明:被告人吕志明与被害人徐某某(女,殁年32岁)系邻居,均已离婚。2009年7月22日20时许,吕志明酒后遇到徐某某,纠缠并要求与其发生性关系,遭徐某某拒绝。当日21时许,吕志明翻围墙跳进徐某某家院内,进入室内后再次要求与徐某某发生性关系,被徐某某拒绝,吕即用拳头将徐某某打倒,用铁丝和胶带捆、缠徐的手和嘴,对徐某某实施强奸。吕志明恐徐某某报案,便用徐某某家炕上的背包带将徐勒死,并用打火机点燃现场衣物、被褥焚烧尸体,后逃离现场。同年8月5日,吕志明告知其姐姐、姐夫,案发当晚其曾与被害人发生性关系,其姐夫让其向公安机关说明此事,并经其同意后,主动联系公安机关,公安人员遂前来将吕志明带走。

双鸭山市中级人民法院认为,被告人吕志明使用暴力手段,强行与被害人徐某某发生性行为,又恐罪行败露,将徐勒死,并为湮灭罪迹,无视公共安全,在徐居住的屋内放火焚烧徐的尸体,其行为已构成强奸罪、故意杀人罪、放火罪。对吕志明所犯数罪,应依法并罚。吕志明辩称具有自首情节,经查符合法律规定,应予采纳。鉴于吕志明犯罪手段极其残忍,犯罪后果极其严重,虽有自首情节,不足以从轻处罚。依照《中华人民共和国刑法》第二百三十六条、第二百三十二条、第一百一十四条、第六十七条第一款、第五十七条第一款、第六十九条规定,判决如下:

被告人吕志明犯故意杀人罪,判处死刑,剥夺政治权利终身;犯强奸罪,判处有期徒刑九年;犯放火罪,判处有期徒刑三年;决定执行死刑,剥夺政治权利终身。

一审宣判后,被告人吕志明以其具有自首情节、原判量刑过重为由提出上诉。其辩护人提出相同的辩护意见。

黑龙江省高级人民法院经二审审理认为,上诉人吕志明使用暴力手段,强行与被害人发生性关系,在将被害人勒死后,又放火焚尸灭迹,其行为已分别构成强奸罪、故意杀人罪、放火罪。上诉人犯罪动机卑劣,手段残忍,后果严重,社会危害性极大,虽有自首情节,不足以从轻处罚。对上诉人及其辩护人所提量刑过重、应从轻处罚的意见不予采纳。一审判决认定的事实清楚,证据确实、充分,定罪准确,量刑适当,审判程序合法。依照《中华人民共和国刑事诉讼法》第一百八十九条第一项、第一百九十九条之规定,裁定驳回上诉,维持原判,并依法报请最高人民法院核准。

最高人民法院经复核认为,被告人吕志明违背妇女意志,以暴力手段强行奸淫妇女,其行为已构成强奸罪;为防止罪行败露而故意非法剥夺他人生命,其行为已构成故意杀人罪;为湮灭罪证而故意在被害人所住房屋内纵火,足以危害公共安全,其行为又构成放火罪。吕志明强行奸淫被害人,后恐罪行败露而杀人灭口,又焚烧被害人尸体致房屋同时受损，犯罪动机卑劣，手段残忍，情节恶劣，罪行极其严重，应依法惩处。吕志明犯有数罪，应依法并罚。虽然吕志明的亲属对其归案起到一定的协助作用，但不足以对其从轻处罚。第一审判决、第二审裁定认定被告人吕志明强奸、故意杀害徐某某、放火的事实清楚，证据确实、充分，定罪准确，量刑适当。审判程序合法。但吕志明在犯罪以后并未自动投案，认定其行为构成自首不当，应予纠正。依照《中华人民共和国刑事诉讼法》第一百九十九条和《最高人民法院关于复核死刑案件若干问题的规定》第二条第二款的规定，裁定如下：

核准黑龙江省高级人民法院(2010)黑刑一终字第122号维持第一审对被告人吕志明以故意杀人罪判处死刑，剥夺政治权利终身；以强奸罪判处有期徒刑九年；以放火罪判处有期徒刑三年，决定执行死刑，剥夺政治权利终身的刑事裁定。

二、主要问题

被告人吕志明作案后，谎称仅与被害人发生了性关系，其亲属为使其摆脱犯罪嫌疑，主动联系公安机关，公安人员前来将吕志明带走，该情形是否属于自动投案？

三、裁判理由

本案是一起犯罪性质恶劣，手段残忍，后果极其严重的刑事案件，适用法律方面最突出的问题是能否认定被告人吕志明系自动投案进而具有自首情节。据在案相关证据，可以认定吕志明的归案过程是：本案发生后，公安机关即展开侦查工作。2009年8月5日晚，吕志明在接受公安机关的再次排查之后，见公安人员摆弄他吸过的烟头，感到事情要败露。吕志明到其姐姐吕红霞家后，讲述了公安人员提取烟头的情况，吕红霞说是为做DNA鉴定。后吕志明承认在徐某某被害当晚其曾和徐某某发生过性关系，并谎称此前已经发生过一次，这次是第二次，徐某某有点不愿意。其姐夫张东权是看守所工作人员，追问吕志明是否杀人,吕志明否认杀人、放火,称他和徐某某发生性关系后跳墙离开时,听见徐家院内似乎有动静。张东权即提出让吕志明到公安机关说明吕当晚虽曾在案发现场出现,但并未实施犯罪的情况。吕志明同意后,张东权给公安局副局长苏学军打了电话。苏学军带人赶到张东权家将吕志明带至公安机关,在口头讯问中,吕志明仍否认实施杀人、放火行为。直至次日6时许,吕志明供述了强奸、杀人、放火的犯罪事实。

根据上述事实,一、二审法院均认为被告人吕志明系在亲友劝说下主动投案,如实供述犯罪事实,具有自首情节。最高人民法院复核后认为,虽然吕志明能够供述犯罪事实,但其犯罪后并未自动投案,故不能认定具有自首情节。我们认为,对吕志明不能认定具有自首情节。具体分析如下:

1. 被告人吕志明没有接受司法机关处置的意愿。刑法第六十七条第一款规定,犯罪以后自动投案,如实供述自己的罪行的,是自首。据此,自动投案是认定自首的前提,缺乏该前提条件,即使犯罪嫌疑人到案后始终供认不讳的,也不属于自首。对于自动投案,《最高人民法院关于处理自首和立功具体应用法律若干问题的解释》(以下简称《解释》)作了较为具体的解释。其中第一条第一项规定,自动投案,是指犯罪事实或者犯罪嫌疑人未被司法机关发觉,或者虽被发觉,但犯罪嫌疑人尚未受到讯问、未被采取强制措施时,主动、直接向公安机关、人民检察院或者人民法院投案。《解释》还同时列举了七种应当“视为自动投案”的情形,其中,第七种情形是:公安机关通知犯罪嫌疑人的亲友,或者亲友主动报案后,将犯罪嫌疑人送去投案的,也应当视为自动投案。最高人民法院2010年印发的《关于处理自首和立功若干具体问题的意见》(以下简称《意见》)中,又列举了五种应当“视为自动投案”的情形,并说明,犯罪嫌疑人被亲友采用捆绑等手段送到司法机关,或者在亲友带领侦查人员前来抓捕时无拒捕行为,并如实供认犯罪事实的，不能认定为自动投案。

由此可见，《解释》和《意见》虽然对“自动投案”采取了相对较宽的认定标准，但始终要求“自动投案”应具有主动性和自愿性，即行为人是在意志自由的前提下主动地、自愿地将自己置于司法机关的管束、控制下，准备接受司法机关的处理。投案不论出于何种动机，只要行为人犯罪后主动将自己交由司法机关进行处置，都不影响投案的自动性，不影响自动投案的成立。但是，“自动投案”对于投案目的有特定要求，即行为人必须明确告知其到司法机关的目的是投案，接受司法机关的处理。如果行为人主动到司法机关的目的是为自己开脱罪责或者表明自己“清白”的，则不符合自动投案的本质要求，不能认定为自动投案。

本案中，被告人吕志明在公安机关排查期间，因恐罪行败露而向亲属承认其和被害人发生过性关系，但否认系强奸被害人，亦不承认实施了杀人、放火行为，且编造听见被害人家院内有动静这一虚假情节。吕志明经亲属劝说后，同意亲属联系公安人员，其目的并非要将自己主动交由司法机关处理，而是心存侥幸，试图通过虚构被害人曾自愿与其发生过性关系且当晚其再次与被害人发生性关系并非强奸来“合理”解释被害人体内为何留有其精斑，以掩盖犯罪事实，撇清自己的涉案嫌疑。吕志明于当日20时许被带到公安机关，在口头讯问中仍否认实施犯罪行为，直至次日6时许才被迫供认犯罪。这表明，吕志明不具有将自己主动置于司法机关控制下接受审查处理的投案目的，即不具有投案的主动性和自愿性，不属于自动投案，且到案初期拒不供认犯罪事实，故不能认定为自首。

2. 被告人吕志明的亲属主动联系公安机关，目的并非送其投案。犯罪嫌疑人的亲友通过各种形式“送亲归案”，可以促使犯罪嫌疑人及时归案，节约司法成本，也有利于对罪犯日后的改造。鉴于此，《解释》出于对犯罪嫌疑人亲友的鼓励和支持，将并非明显体现犯罪嫌疑人本人自动归案意志的某些情形规定为应当“视为自动投案”。如并非出于犯罪嫌疑人主动,而是经亲友规劝、陪同投案的;公安机关通知犯罪嫌疑人的亲友,或者亲友主动报案后,将犯罪嫌疑人送去投案的,应当视为自动投案。在这些“送亲归案”的情形下,虽然犯罪嫌疑人并非自己主动要求投案,但并不违背其本人意志,故仍应视为犯罪嫌疑人本人自动投案。但是,将“送亲归案”认定为自动投案的重要前提条件是,犯罪嫌疑人的亲友已知道犯罪嫌疑人实施了一种或几种犯罪行为。即犯罪嫌疑人的亲友明知犯罪嫌疑人实施了犯罪行为,仍然主动联系有关机关或人员,亲自“陪首”或者“送首”,目的是将犯罪嫌疑人有效地置于司法机关的控制之下,使犯罪嫌疑人承担相应的法律后果。如果亲友并不明知犯罪嫌疑人实施了犯罪行为,亲友主动与司法机关联系的目的并不是让犯罪嫌疑人接受司法机关的处理,而是为了撇清犯罪嫌疑,则不应认定为自动投案。

本案中,被告人吕志明的亲属尽管对吕关于曾与被害人有过性关系的解释将信将疑,但在吕一再否认对被害人实施犯罪的情况下,并不知道吕实施了强奸、杀人、放火等犯罪行为,即并非明知被害人系被吕所杀害,也没有将吕作为犯罪分子来看待,只是有所怀疑而已。吕志明的亲属主动打电话联系公安人员,让公安人员前来将吕志明带走,目的在于让吕到公安机关说明情况,撇清涉案嫌疑,并不具有主动报案的性质。

综上,被告人吕志明本人并未自动投案,其亲属的行为也不能视为“送亲归案”,故最高人民法院未认定其具有自首情节。需要强调的是,按照《意见》的相关规定,吕志明的行为虽不构成自首,但其亲属主动联系公安机关的行为对于案件的侦破确有一定的积极意义,可作为酌定量刑情节予以考虑。但是,吕志明酒后强奸被害人,并为灭口而杀人,又在被害人家放火焚尸匿迹,危害公共安全，犯罪动机卑劣，情节恶劣，罪行极其严重，其虽有酌定从轻处罚情节，但仍不足以从轻处罚，故最高人民法院依法核准了死刑。

（撰稿：最高人民法院刑五庭　李晓光　任能能
审编：最高人民法院刑五庭　韩维中）

[第700号]

袁翌琳故意杀人案

——对亲属报警并协助公安机关抓获被告人行为的认定

一、基本案情

被告人袁翌琳,女,1982年8月25日出生,原系北京金智汇达信息技术有限公司总经理助理。因涉嫌犯故意杀人罪于2009年6月17日被逮捕。

北京市人民检察院第一分院以被告人袁翌琳犯故意杀人罪,向北京市第一中级人民法院提起公诉。

北京市第一中级人民法院经审理查明:被告人袁翌琳于2009年5月10日凌晨,在北京市海淀区复兴路乙63号北京卫戍区招待所320室,因与男友路星(殁年22岁)发生感情纠纷,趁路星熟睡之机,持事先准备的尖刀猛刺路星胸部数刀,路星因被刺破左肺、心脏致急性失血性休克死亡。后袁翌琳将其杀人及欲自杀的情况打电话告知其亲属,其亲属随即报警,并协助公安人员赶到案发现场后将自杀的袁翌琳送往医院救治。后袁翌琳被抓获归案。

北京市第一中级人民法院认为,被告人袁翌琳故意非法剥夺他人生命,致人死亡,其行为已构成故意杀人罪,且犯罪情节恶劣,后果严重,依法应予惩处。鉴于被告人袁翌琳在案发后打电话联系亲属,告知其将路星杀害并欲自杀,亲属在得知该情况后边报警边赶往案发现场,因袁翌琳亲属的报警行为,使公安机关赶到现场后将自杀的袁翌琳送往医院并予以控制,袁翌琳虽未亲自投案,但袁翌琳的被抓获与其亲属的代替投案行为之间有紧密联系,故可视为袁翌琳自动投案;袁翌琳投案后如实供述了犯罪事实,应认定为自首,依法可对其从轻处罚。在本院审理期间,袁翌琳及其亲属能够积极赔偿被害人亲属的经济损失,并得到被害人亲属的谅解,依法可对其酌予从轻处罚。北京市人民检察院第一分院指控被告人袁翌琳犯故意杀人罪的事实清楚,证据确凿,指控的罪名成立。根据被告人袁翌琳犯罪的事实、犯罪的性质、情节和对于社会的危害程度,依照《中华人民共和国刑法》第二百三十二条、第五十六条、第五十五条第一款、第六十七条第一款、第六十四条、第六十一条和《最高人民法院关于处理自首和立功具体应用法律若干问题的解释》第一条第一项第三目、第二项第一目、第三条及《最高人民法院关于刑事附带民事诉讼范围问题的规定》第四条的规定,以故意杀人罪判处被告人袁翌琳有期徒刑十五年,剥夺政治权利三年。

宣判后,被告人袁翌琳没有提出上诉,检察机关亦没有抗诉,判决已经发生法律效力。

二、主要问题

被告人袁翌琳的亲属在得知袁翌琳杀人后报警,协助公安机关将被告人袁翌琳抓获,袁翌琳到案后如实供述了自己的犯罪事实,对袁翌琳能否以自首论处?

三、裁判理由

在本案的审理过程中,对于本案被告人袁翌琳到案后是否认定为自首,存在分歧意见。一种意见认为,袁翌琳亲属报警的行为虽有助于公安机关破案,但毕竟不是袁翌琳自己的行为,不能认定其为自动投案,故袁翌琳不构成自首。另一种意见认为,袁翌琳亲属报警的行为产生了抓获袁翌琳的效果,袁翌琳被抓获与其亲属的代替投案之间有紧密联系,故对袁翌琳可视为自动投案;袁翌琳投案后如实供述了犯罪事实,应当认定为自首。

判断亲属报警协助抓获被告人是否构成自首,不能一概而论,需要根据有关法律、司法解释和刑事政策的规定,结合被告人犯罪后的主观心态、客观行为、亲属报警所产生的效果、到案后的供述情况等方面因素加以综合分析,才能得出正确的结论。就本案而言,我们认为应当认定被告人袁翌琳构成自首。

(一)对投案自动性要求的重新解读

我国刑法第六十七条第一款规定:"犯罪以后自动投案,如实供述自己的罪行的,是自首……"按照此规定,构成自首应当符合两个条件:一是投案的"自动性";二是供述的"彻底性"。具体而言,自首的构成要件可以从犯罪嫌疑人的主观心态、客观行为、实际效果三个方面来加以分析。犯罪嫌疑人的主观心态由通常所说的"自动"或者"自主"来反映;犯罪嫌疑人的客观行为表现为"投案"和"如实供述自己的罪行";实际效果则要求犯罪嫌疑人被司法机关控制。在上述三个方面中,认定犯罪嫌疑人的主观心态的较为传统的观点,是强调犯罪嫌疑人在投案时主观上具有自觉主动性,强调犯罪分子作案后完全基于自己的自由意志选择向有关机关或个人投案,至于投案的动机是否出于真心悔过,在所不论。

《最高人民法院关于处理自首和立功具体应用法律若干问题的解释》(以下简称《解释》)规定:"并非出于犯罪嫌疑人主动,而是经亲友规劝、陪同投案的;公安机关通知犯罪嫌疑人的亲友,或者亲友主动报警后,将犯罪嫌疑人送去投案的,也应当视为自动投案。"不难看出,《解释》规定的自动投案包括了犯罪嫌疑人的亲友主动帮犯罪嫌疑人投案,而不是传统理解的犯罪嫌疑人本人自动或者主动投案。换言之,《解释》允许犯罪嫌疑人到案时持有相对消极的主观心态,甚至可以带有一定的被迫性,但是只要犯罪嫌疑人不反对其亲属的报警及公安机关的抓捕,客观上也没有实施逃避侦查的对抗性行为,就可以视为自动投案。显然,《解释》的规定更加强调犯罪嫌疑人到案的非对抗性而不是主动性,更加强调自首构成要件中的客观行为和实际效果,而不是执著于判断犯罪嫌疑人的主观心态是否积极,这在一定程度上既突破了传统上对投案自动性的习惯性认识,又保留了投案自动性的合理内涵,确立了可称为"非对抗性"的认定标准。

投案的非对抗性标准充分体现了投案自动性的核心价值,较之投案的自动性,对犯罪分子主观方面自主性的要求虽然有所降低,但是符合刑罚目的和自然伦理的要求,也有利于提高司法效率、节约司法资源。

首先,确立投案的非对抗性标准是实现刑罚目的的需要。我国刑罚的目的不仅在于惩罚犯罪,还在于对罪犯进行教育和改造,通过让犯罪分子不再犯新罪来实现预防犯罪的目的。非对抗性投案的犯罪分子,虽然其悔罪表现可能并不突出,但至少可以表明犯罪分子人身危险性的减轻,且可以为避免犯罪分子再次危害社会及为以后的改造奠定良好的基础。

其次,确立投案的非对抗性标准是节约司法资源的需要。在案件发生后,为了及时破案并实现对犯罪分子的惩罚,国家需要在侦查、起诉、审判各环节投入大量的人力、物力、财力,而犯罪分子的非对抗性投案使国家追诉犯罪的成本大大降低,不仅节省了国家的司法资源,减轻了国家的证明负担,也有利于及时稳定和恢复被犯罪损害的社会关系。

最后,确立投案的非对抗性标准是自然伦理的需要。犯罪分子的亲属之所以愿意配合司法机关,主动将犯罪分子送去归案或陪同投案,虽然并不排除其具有较高的法律意识和觉悟,但更主要的还是希望自己的亲友在犯罪后能够得到宽大处理,其目的的功利性也不容回避。对非对抗性投案的犯罪分子认定为自首或者予以从宽处罚,既是对亲属行为的一种肯定和褒奖,对社会上普通人的行为价值判断也能起到教育和引导作用。

反对的观点认为,确定所谓非对抗性标准没有必要。在亲属强制犯罪分子投案和亲属报警并协助公安机关将犯罪分子抓获的场合,犯罪分子已被司法机关控制,家属的主动行为已经使犯罪分子的归案当然具备了自动性。因此,即使犯罪分子有其他逃避侦查或者到案后不如实供述等对抗性表现,均可不予考虑,仍认定其为自动投案。我们认为,这是一种对自首制度的片面认识,理由在于:从行为所产生的实际效果上看,亲属报警的举动的确是一种值得鼓励的行为,但毕竟不同于犯罪分子本人的行为,在评价时也不能完全脱离犯罪分子本人的行为和意愿。有明显对抗性表现的犯罪分子虽然已经归案,但仍具有较高的人身危险性和对社会的潜在危害性,将其认定为自动投案突破了非对抗性的底限,将这种不具备投案的自动性的行为认定为自首,将会直接损害法律的稳定性和严肃性,更有损于刑法公平价值的实现。

审判实践中,要注意准确把握投案的非对抗性标准。例如,如果亲属事先已经对犯罪分子进行教育、劝导,但是,犯罪分子明确予以拒绝,或者在抓捕过程中拒捕,抗拒司法追究,表明其仍具有较强的对抗性,就不能认定其为自动投案。如果犯罪分子并不明知亲属已向公安机关报警或者公安机关正在前来抓捕,其主观方面的对抗性或非对抗性均无从体现,此种情形下即使犯罪分子没有拒捕行为,依照《最高人民法院关于处理自首和立功若干具体问题的意见》第一条的规定,也不能认定为自动投案,但可以参照法律对自首的有关规定酌情从轻处罚。

(二)对于本案中被告人亲属报警并协助公安机关将被告人抓获行为的定性

在本案中被告人袁翌琳将被害人杀死后,通过电话将杀人及准备自杀的情况告诉了自己的亲属,袁翌琳的亲属在得知该情况后迅速报警,并在电话中做袁翌琳的思想工作,尽力稳定袁翌琳的情绪。在得知袁翌琳作案的详细地点后,其亲属在电话中告诉袁翌琳,正和公安人员赶往案发现场,但袁翌琳未予回应而自杀。袁翌琳亲属的报警行为,为公安机关侦查破案提供了详细的线索,使公安人员能够在案发后及时赶到现场,将自杀的袁翌琳送往医院并予以控制,袁翌琳的被抓获与其亲属的代替投案行为之间有紧密联系,其亲属报警的行为客观上起到了降低追诉犯罪成本,节约司法资源的效果。袁翌琳得知公安机关即将前来抓捕,并没有采取反抗和逃避抓捕的行为,被公安机关控制后能始终配合公安机关工作,如实供述自己的犯罪事实,认罪并悔罪。故综合本案情节,袁翌琳符合自首的实际效果、客观行为、主观心态三个方面要件,其自首应当予以认定。

需要指出的是,对于亲属向公安机关报警并协助公安机关将犯罪分子抓获的案件,如果犯罪分子在此后的讯问中,因未能如实供述而不认定为自首的,一般情况下,在量刑时也可以酌情考虑。原因在于,亲属向公安机关报警并协助公安机关将犯罪分子抓获的行为,避免了犯罪分子继续危害社会,有利于公安机关及时准确地查清案件事实,是一种值得鼓励的行为,应当给予积极的司法评价。故只要亲属的行为产生了将犯罪分子置于司法机关控制之下的实际效果,即使犯罪分子不符合自首的条件,法院在量刑时也可将亲属的行为作为酌情从轻处罚的情节予以考虑,以体现刑法的谦抑性。

(撰稿:北京市第一中级人民法院　周　军　李忠勇
审编:最高人民法院刑一庭　薛淑兰)

[第701号]

周元军故意杀人案

——不明知自己已被公安机关实际控制而投案的，不认定为自首，但可酌情从轻处罚

一、基本案情

被告人周元军，男，汉族，农民，1971年1月23日出生于湖南省溆浦县。因涉嫌故意杀人罪于2008年8月21日被刑事拘留。

湖南省怀化市人民检察院以被告人周元军犯故意杀人罪，向怀化市中级人民法院提起公诉。

怀化市中级人民法院经公开审理查明：被告人周元军因怀疑其妻周会珍与他人有不正当男女关系，二人经常争吵，夫妻关系不睦。2008年8月20日，周会珍要求与周元军离婚。当日17时30分许，周元军持事先准备的尖刀来到湖南省溆浦县周会珍之弟周日东的租住处卧室内捅刺周会珍后背、前胸各一刀。周会珍呼救，周会珍之母刘秀妮闻讯赶到客厅，周元军先持刀捅刺刘秀妮腹部一刀，致刘秀妮肝脏破裂大出血死亡后，又继续捅刺周会珍，致周会珍重伤后潜逃，后因畏罪触电自杀，被人发现后报警并送医院抢救。民警接到“有人触电自杀”的报案后赶到医院，经组织辨认确认该触电自杀男子系周元军后，遂安排专人（便衣）守候在病房内对其实施控制。周元军被救醒后即告知在场人员自己的身份及杀害妻子和岳母的情况。

怀化市中级人民法院经审理认为,被告人周元军因婚姻家庭纠纷,故意持刀刺杀他人的行为已构成故意杀人罪。其致一人死亡、一人重伤,罪行极其严重。虽然周元军苏醒后如实告知在场人员其杀人的事实,但公安机关此前已掌握其基本犯罪事实并对其予以了实际控制,依法不能认定为自首。周元军应当赔偿因自己的犯罪行为给附带民事诉讼原告人造成的经济损失。依据《中华人民共和国刑法》第二百三十二条、第五十七条第一款、第三十六条第一款及《中华人民共和国民法通则》第一百一十九条之规定,判决如下:

1. 被告人周元军犯故意杀人罪,判处死刑,剥夺政治权利终身。

2. 被告人周元军赔偿附带民事诉讼原告人周安民经济损失87 988.2元。

一审宣判后,被告人周元军及其辩护人上诉提出:被害人有明显过错;周元军苏醒后即告知在场人员自己的身份,供认杀了自己的妻子和岳母,且其当时不知道自己被控制,从周元军的主观心态上看,完全具备自动投案的主观意愿,应当认定为自动投案,其后又如实供述犯罪事实,系自首。原判量刑过重,请求依法改判。

湖南省高级人民法院审理认为,原判认定事实清楚,证据确实、充分。被告人周元军因不能正确处理夫妻感情纠纷而持械刺杀他人,致一人死亡、一人重伤,其行为已构成故意杀人罪。被害人刘秀妮在案件中没有过错。周元军苏醒后如实向在场人员交代犯罪事实时,公安机关已掌握其犯罪事实,且已对其人身予以实际控制,周元军的该行为不能认定为自动投案,故其不具有自首情节。周元军犯罪情节特别恶劣,犯罪后果特别严重,原判对其量刑适当。依照《中华人民共和国刑事诉讼法》第一百八十九条第一项之规定,裁定驳回上诉,维持原判。对被告人周元军的死刑判决依法报请最高人民法院核准。

最高人民法院复核后,认为本案事实清楚,证据确实充分,定罪准确,审判程序合法。鉴于本案因婚姻家庭矛盾引发,周元军的行为虽不构成自首,但其能如实供述自己的罪行,有认罪、悔罪表现,不宜判处周元军死刑立即执行,故对周元军的死刑判决不予核准,发回湖南省高级人民法院重新审判。

湖南省高级人民法院重新审判后认为,被告人周元军持械刺杀他人,致一人死亡、一人重伤,其行为已构成故意杀人罪。周元军犯罪后果严重,犯罪手段残忍,犯罪情节恶劣,应依法惩处。被害人周会珍、刘秀妮无明显过错。考虑到本案因为婚姻、家庭矛盾引发,周元军归案后认罪态度好,具有一定的悔罪表现,对其判处死刑可不必立即执行。依照《中华人民共和国刑事诉讼法》第一百八十九条第三项之规定,以故意杀人罪判处被告人周元军死刑,缓期二年执行,剥夺政治权利终身。

二、主要问题

1. 犯罪嫌疑人虽未被正式采取"强制措施"或者讯问,但已被公安机关实际控制,是否视为对犯罪嫌疑人实施了人身"强制措施"?

2. 犯罪嫌疑人不知自己已被公安机关控制而实施投案的,是否认定为自动投案?

三、裁判理由

本案审理中,对于被告人周元军是否构成"自动投案"存在两种意见:

第一种意见认为,周元军的行为构成自动投案。理由是:自动投案的根本特征是犯罪人具有投案的主动性和自愿性,周元军作案后触电自杀,在昏迷状态中被他人送往医院救治,其清醒后在并不知道自己被身着便装的公安人员控制的情况下,即告知在场人员自己的身份以及杀害其妻和岳母的事实,主观上具有投案的主动性和自愿性;客观上周元军当时亦未被执行拘留、逮捕等"强制措施"或者受到讯问,符合司法解释关于自动投案的规定,故应认定周元军的该行为系自动投案。

第二种意见认为,周元军不构成自动投案。理由是:被告人周元军昏迷后醒来并不知在场人员中有便衣警察,其讲述犯罪事实的行为只是正常聊天行为,也没有委托在场人代为投案,因此,其主观上没有主动、自愿投案的意愿;且"尚未受到讯问或未被采取强制措施"是成立自动投案的客观前提,周元军尚在昏迷中时,公安机关就已将其作为犯罪嫌疑人予以控制,故即使周元军醒来后有投案意思表示和行为,其客观上也属于被动到案,不符合自动投案的客观条件,不能认定为自动投案。

我们同意第二种意见。

(一)被告人周元军的行为没有表现出自动投案的主动性和自愿性,不能认定为自动投案

一般认为,投案的主动性是自动投案的本质特征。主动性,是指在明知投案后果的前提下,犯罪人在其自由意志支配下对这种结果的一种积极自愿的选择,体现出犯罪人愿意认罪、悔罪,自觉接受法律制裁的主观意愿。衡量是否构成自动投案,重要标准就是看其是否具有投案的主动性、自愿性。无论是作为典型的自动投案的"亲投"形式,还是《最高人民法院关于处理自首和立功具体应用法律若干问题的解释》(以下简称《解释》)所列举的非典型投案(亦称准自动投案)的"代投"、"陪投"、"托投"、"送投"等七种情形,都体现出犯罪人投案的自愿性与主动性。是否具有投案的主动性和自愿性,需要根据犯罪人的客观行为与外在表现综合分析认定。主观意志支配客观行为,客观行为体现主观意志。通常情况下,客观行为与主观意愿是相统一的,犯罪人主动自愿认罪的主观意愿会促使其主动到案;同样,主动到案的客观行为也可以反映出犯罪人认罪、悔罪、自愿接受法律惩罚的主观意愿。

当然,主观与客观并非总是一致、统一的,有时存在不一致甚

至矛盾的情况。有些情况下，犯罪人客观上具有“主动归案”的外在表象，但“到案”后却否认或隐瞒与其相关的犯罪事实，企图蒙混过关逃避处罚；或者掩盖真相，避重就轻，试图减轻罪责，均没有投案的主动性和自愿性，不能认定为自动投案。与之相反，犯罪人客观上虽未使其自身处于公安机关的控制之下，但其他情况或证据表明犯罪人主观上有主动、自愿投案的意思，如符合自动投案的其他条件，则应视为自动投案处理。如因伤、病或行动不便，无法前往公安机关投案的，经查实具有主动投案意愿的，可予认定。

本案被告人周元军苏醒后与在场“看护人员”的谈话，与其他病人醒来后同看护人员谈话的性质一样，均属正常聊天行为，这种行为通常可以减轻病人的心理负担或生理疼痛。周元军在清醒后的谈话中始终没有表现出要委托“看护人员”投案的意思表示，故其行为不能视为委托他人代为投案；其所有供述中也没有提及自己当时是否知晓“看护人员”的真实身份，且也不知道自己已被公安机关控制，故其行为也不能视为其谈话是向司法机关、有关组织和人员投案。周元军自杀醒来后的行为没有体现出其有投案的主动性和自愿性，故不能认定其为自动投案。

（二）被告人周元军醒来时，公安机关对其采取的人身控制应视为已对其实施了“强制措施”，其不具备自动投案的客观条件，即使其有投案意愿和行为，亦不能认定其系自动投案

根据《解释》第一条第一款的规定，犯罪嫌疑人在自动投案前所处状态有两种情形：“一是犯罪嫌疑人或犯罪事实尚未被司法机关发觉；二是犯罪嫌疑人或犯罪事实虽已被司法机关发觉，但犯罪嫌疑人尚未受到讯问或被采取强制措施。”第一种情形下主动、自愿投案的，成立自动投案，毋须赘言；关键是第二种情形中对“讯问”和“强制措施”如何理解，在实践中存在较大争议。

“讯问”，是指侦查人员以言词方式向犯罪嫌疑人查问犯罪事实和其他与案件有关情况的一种侦查措施。如何区分讯问、盘问

与询问,实践中有三种观点:一是以是否掌握了查问对象的主要犯罪事实或基本犯罪事实为标准。已经掌握的是讯问;未掌握的则不是讯问,而是询问、盘问。二是以是否掌握了足以合理怀疑查问对象实施犯罪的证据为标准。掌握的证据足以合理怀疑被查问对象实施犯罪的,是讯问;否则,不是讯问,而是询问、盘问。三是以是否已经将被查问对象与待侦案件相联系为标准。已经将两者联系起来的是讯问;未将两者联系起来的,不是讯问,而是询问、盘问。

第一种观点对自动投案的成立范围放得过宽,第三种观点过于限制了自动投案成立的空间,两种观点与讯问的法律定位不相适应,也与自首制度的立法精神不符。我们同意第二种观点,理由在于:一方面,讯问是针对犯罪嫌疑人开展的调查工作,讯问须以掌握一定的犯罪证据为前提,且掌握的证据要达到合理怀疑被查问对象实施犯罪的程度。讯问的法律定位决定其性质不同于盘问、询问,侦查机关不能任意实施。讯问的这一标准既不会妨碍侦查机关开展讯问活动,又不会引发侦查机关滥用讯问措施。这一标准明确了在掌握合理怀疑查问对象实施犯罪的证据之前的交代(或投案)成立自动投案,而对之后的交代(或投案)不认定为自动投案。

如何理解"强制措施",实践中也有两种意见。一种意见认为,此处的"强制措施"与刑事诉讼法所规定的"强制措施"非同一概念,其范围仅包括刑事诉讼法明确规定的拘传、拘留、逮捕、取保候审和监视居住。如果犯罪嫌疑人已被采取了上述"强制措施",即使其主动交代,也不能认定为自动投案。如被取保候审和监视居住的人在脱保或外逃后又投案的,因为其已被采取了刑事诉讼法规定的"强制措施",就不能再认定其行为系自动投案;如果犯罪嫌疑人未被采取上述五种"强制措施",即使公安机关对该人已经达到实际控制效果,只要其投案行为具有主动性和自愿性,也可成立自动投案。另一种意见认为,《解释》中此处规定的“强制措施”与刑事诉讼法所规定的“强制措施”并非同一概念。只要司法机关已对犯罪嫌疑人实施了实际的人身控制,即使不完全符合或未严格履行刑事诉讼法所规定的“强制措施”的条件和程序,也是对其采取了“强制措施”;相反,犯罪嫌疑人在投案时,只要其还有行为自由决定能力,即使其已经被采取了法律规定的五种“强制措施”,其投案仍应当视为自动投案。

我们同意第二种意见,理由如下:刑事诉讼法规定“强制措施”,目的在于明确司法机关对公民实施人身控制或限制的条件和程序,避免“强制措施”的滥用,造成对公民人身权利的侵犯,同时也为审查所谓“强制措施”的合法性提供判断标准。而《解释》中规定成立自动投案的投案行为必须是在被采取“强制措施”前实施,意在明确自动投案的前提和时间条件,合理划定自动投案的成立范围,防止不符合自首制度立法精神、无助于节约司法资源的投案行为被认定为自动投案。投案行为是否符合自首制度的立法精神、是否有利于节约司法资源,取决于犯罪嫌疑人的投案行为能否发生或是否发生了其将自身作为犯罪嫌疑人置于公安机关实际控制之下的效果。判断的标准就是犯罪嫌疑人实施投案行为之前,其人身活动是否处于自由、自主状态,司法机关是否将其作为犯罪嫌疑对象对其人身予以强制或控制。如果在实施投案行为时,司法机关尚未将其作为犯罪嫌疑对象对其人身予以强制或控制,其人身活动处于自由、自主状态,就能肯定上述效果的发生,即使其已被采取刑事诉讼法规定的五种“强制措施”之一种,也应当认为犯罪嫌疑人未被采取“强制措施”。反之,不能肯定存在上述效果,就应当认为已被采取“强制措施”。因此,在认定自动投案时,应当从司法机关是否将其作为犯罪嫌疑对象对其人身予以强制或控制来判断是否已被采取了“强制措施”。已被控制的,属于已被采取“强制措施”;未被控制的,属于尚未被采取”强制措施”。

由此，我们可以得出结论，此处的“强制措施”是指“司法机关将犯罪嫌疑人作为嫌疑对象对其人身实施的实际控制”，包括刑事诉讼法规定的“强制措施”在内的实际控制。

对此处的“强制措施”作上述理解，将其与刑事诉讼法规定的”强制措施”区分开，从司法实践的情况看也具有明显的合理性。鉴于目前刑事立案被作为一个独立阶段，且立案标准较高，程序较为复杂，同时出于侦查、抓捕时机或策略等诸多方面的原因，公安机关更愿意或不得已以协助调查的名义或口头传唤等方式将犯罪嫌疑人实际控制并带至公安机关，而不是就地讯问或者事前办好拘传、拘留等“强制措施”的法律手续再控制犯罪嫌疑人。若不认为此种情况下公安机关对犯罪嫌疑人的控制属于“强制措施”，而认为犯罪嫌疑人只要没有被正式适用五种“强制措施”前的投案行为都成立自动投案的话，一则会导致自动投案的成立不取决于犯罪嫌疑人自主决定，而取决于公安机关完善法律手续与否；二则会助长犯罪人的投机心理，犯罪人更多会选择逃避处罚，只在无路可逃、迫不得已时才抓住时机“投案”，不利于促使犯罪人及时归案。

需要进一步说明的是，自动投案中的“强制措施”与刑事诉讼法规定的“强制措施”既有区别又有联系，两者存在某种程度的交叉。前者是指对犯罪嫌疑人人身实施的实际控制或管控，尽管其不要求履行刑事诉讼法规定的程序，但对犯罪嫌疑人的实际控制也可能发生在已经对其适用刑事诉讼法规定的“强制措施”后，且这种情形在司法实践中发生的概率更高；另外，即使犯罪嫌疑人已被采取了刑事诉讼法规定的“强制措施”，其人身仍有可能并未被司法机关实际控制，如在犯罪嫌疑人被取保候审后脱保，监视居住后潜逃，或者羁押期间脱逃。这些情况下，司法机关对犯罪嫌疑人并未形成事实上的控制，犯罪嫌疑人对其行为和活动仍能作自由决定，只要其实施了投案行为，就应当认为其是在尚未被采取“强制措施”前的自动投案。

就本案而言，虽然当时公安人员未对被告人周元军采取讯问或办理拘留、逮捕等刑事诉讼法所规定的“强制措施”手续，但公安机关已将其作为犯罪嫌疑人，并派专人在病房看守、控制，已对周元军的人身实施了实际控制，周元军此时的状况应当视为已被采取“强制措施”，即使周元军醒来后有自动投案的意思表示或行为，其也不具备自动投案的客观条件。因此，从客观条件看，也不能认定周元军的行为系自动投案。

司法实践中，还有一些因客观条件限制类似本案被告人周元军别无选择“逃无可逃”的案例，同样因为失去自动的客观前提，不能认定为自动投案。例如，自然环境与条件限制了犯罪人的行动自由，犯罪人作案后根本无条件和机会逃避抓捕，或者犯罪人在作案过程中遭遇生命、健康的重大危险，别无选择时报案求助于公安机关的，此类情况下，犯罪人处于“逃无可逃”、别无选择的情形，其投案并非主动、自愿所为，而是因客观条件使其别无选择，迫不得已而为之的，不能认定为自动投案。列举以下两个案例加以说明。

案例一：犯罪人走私，船只航行在海上时，因突刮大风致船只有即刻倾覆的重大危险，为避免船只倾覆而向公安机关报告，表示愿意投案的，不能认定为自首。

案例二：被害人或其亲属及在场群众对犯罪人的行动自由形成重大限制，或者犯罪人因犯罪行为致伤、在犯罪过程中突发疾病等，致其无法逃脱的，即使其表示愿意投案，也不能认定为自动投案。

（三）被告人周元军虽不是自动投案，不成立自首，但归案后如实供述犯罪，有悔罪情节，可予从宽处罚

被告人周元军虽不能成立自动投案，不具有自首情节，但本案系家庭婚姻矛盾引发，周元军在自杀被救后，如实供述犯罪事实，

有悔罪表现。根据最高人民法院《关于贯彻宽严相济刑事政策的若干意见》第三条第二十二款的规定，对于因恋爱、婚姻、家庭、邻里纠纷等民间矛盾激化引发的犯罪，应酌情从宽处理。最高人民法院和湖南省高级人民法院均认为，周元军虽不构成自首，但如实供述自己的罪行，有认罪、悔罪表现，故最终判处周元军死缓。这充分体现和准确把握了宽严相济、慎重适用死刑的刑事政策精神，充分考虑了案件的具体情况，取得了社会效果和法律效果的有机统一。值得指出的是，《中华人民共和国刑法修正案（八）》（以下简称《刑（八）》）第八条规定："……犯罪嫌疑人如实供述自己罪行的，可以从轻处罚……"本案终审时，《刑（八）》虽未生效，但该案裁判理由和裁判结果体现了《刑（八）》的精神。

（撰稿：湖南省高级人民法院　杨学成　谷国文　李伟华
审编：最高人民法院刑一庭　薛淑兰）

[第702号]

张某等抢劫、盗窃案

——接受公安人员盘问时，当场被搜出与犯罪有关的物品后，才交代犯罪事实的，不视为自动投案

一、基本案情

被告人张某，男，1987年5月25日出生，农民。因涉嫌犯抢劫罪于2006年5月9日被逮捕。

被告人刘某，男，1990年5月6日出生，农民。因涉嫌犯抢劫罪于2006年5月9日被逮捕。

被告人李某，男，1991年10月14日出生，农民。因涉嫌犯抢劫罪于2006年5月9日被逮捕。

江苏省南通市人民检察院以被告人张某犯抢劫罪、盗窃罪，被告人刘某、李某犯抢劫罪，向南通市中级人民法院提起公诉。公诉机关认为，三被告人因形迹可疑被公安人员盘问时，主动交代了犯罪事实，系自首。

被告人张某辩称，抢劫犯罪中未对被害人实施致命伤害。其辩护人提出，张某有自首情节，依法应予从轻处罚。

被告人刘某、李某均辩称，其犯罪时未成年，且有自首情节，依法应予从宽处罚。

南通市中级人民法院经公开审理查明：

1. 关于抢劫事实

2006年4月6日晚，被告人张某向被告人刘某、李某提议抢劫出租车司机，刘某、李某二人均表示同意。三被告人准备了剪刀、电线、绳子等作案工具，张某对抢劫进行了分工，并提出：如司机不反抗，抢劫后将其捆绑；如司机反抗，就用剪刀捅刺，将其控制后抢劫。次日凌晨，三被告人携带作案工具，以租车为名，在江苏省南通市经济技术开发区小海镇“江通”网吧门前骗乘由被害人黄镇岳驾驶的车牌号为苏F－Q1041的出租车。当车行至姜张公路小海镇庙桥村10组路段时，张某要求黄镇岳停车，并用电线勒黄的颈部，刘某掏出剪刀，威逼黄交出财物。黄镇岳呼救并反抗，张某用电线猛勒黄的颈部，将电线勒断，又拿绳子企图继续勒黄。李某抱住黄镇岳双腿，刘某用剪刀捅刺黄的颈部。黄镇岳借机逃下车，张某将黄抱住摔倒在路边，并按住黄的头部使其不能反抗，刘某、李某先后持剪刀捅刺黄的头部、颈部等处数下。其间，刘某误将张某、李某二人的手捅伤。三被告人从黄镇岳身上劫得现金人民币（以下币种均为人民币）460.20元、诺基亚手机一部（价值1 090元），后逃离现场。黄镇岳经送医院抢救无效死亡。

案发后，群众听见现场传来呼救声，循声看见有三人从出租车内下车向南逃窜，即报案，公安人员迅速展开侦查。当日凌晨2时40分许，在距案发地南约1.5公里处的通启大桥上，负责走访排查的公安人员发现该三名被告人深夜携带行李在路上行走，其中一人头发潮湿，形迹可疑，遂拦截盘问，并从李某身上搜得诺基亚手机一部（实为被害人手机），三人均不能说清该手机号码。与此同时，公安人员发现张某右手始终缩在衣袖里，问其原因，其自称残疾人。公安人员强行将其右手拉出，发现其右手缠有纱布、正在滴血，问其因何受伤，其即供述了抢劫出租车的犯罪事实。公安人员随即将三被告人带回审讯，三人均如实交代了抢劫犯罪事实。

被告人刘某归案后，揭发张某有盗窃犯罪，经查证属实。

2. 关于盗窃事实

2006年3月，被告人张某伙同他人到南通市经济技术开发区新开信用社住宅楼，窃得该楼梯间铝合金窗户六扇（价值1210元）。

南通市中级人民法院认为，被告人张某、刘某、李某以非法占有为目的，采用暴力手段劫取他人财物，均已构成抢劫罪；张某以非法占有为目的，秘密窃取他人财物，数额较大，又构成盗窃罪，应数罪并罚。在抢劫共同犯罪中，三被告人均起主要作用，均系主犯。刘某、李某犯罪时均未满18周岁，依法应予从轻处罚。刘某具有立功表现，可予从轻处罚。案发后，李某亲属积极赔偿被害人亲属的部分经济损失，可作为量刑情节酌情予以考虑。张某提议抢劫并负责分工，在抢劫过程中选定作案地点和作案时机，最先动手加害被害人，在被害人逃跑时，追赶、控制被害人，系共同犯罪的组织者和指挥者，应对共同犯罪所造成的后果承担全部责任。关于公诉机关提出三被告人系自首的公诉意见，经查：案发后，公安机关已掌握犯罪嫌疑人为三人，并将此纳入重点排查范围，案发后不久即在案发地不远处发现三被告人，并拦截盘问，但三人没有主动投案；当侦查人员从李某身上搜得来路不明的手机，发现张某右手缠着纱布且正滴血时，已能初步认定三被告人有抢劫重大嫌疑，故三被告人的行为不符合自首的法定构成要件，不能视为自首。据此，依照《中华人民共和国刑法》第二百六十三条第一款第五项，第十七条第一、二、三款，第二十五条第一款，第二十六条第一、四款，第四十八条，第四十九条，第六十八条第一款，第二百六十四条，第六十九条，第五十七条第一款，《最高人民法院关于审理未成年人刑事案件具体应用法律若干问题的解释》第十三条，第十四条第一款，第十五条，第十九条之规定，判决如下：

1. 被告人张某犯抢劫罪，判处死刑，剥夺政治权利终身，并处没收个人全部财产；犯盗窃罪，判处有期徒刑六个月，并处罚金人民币一千元;决定执行死刑,剥夺政治权利终身,并处没收个人全部财产。

2. 被告人刘某犯抢劫罪,判处有期徒刑十三年,并处罚金人民币五百元。

3. 被告人李某犯抢劫罪,判处有期徒刑十一年,并处罚金人民币五百元。

宣判后,三被告人均提出上诉。

被告人张某上诉称,其检举他人犯罪,有立功表现,且有自首情节,原判量刑过重。

被告人刘某、李某均上诉称,其系从犯,有自首情节,原判量刑偏重。

二审庭审中,江苏省人民检察院提出,被告人张某具有自首情节,建议对其从轻处罚;被告人刘某、李某不具有自首情节,建议对二人维持原判。

江苏省高级人民法院经二审审理认为,被告人张某、刘某、李某共同预谋劫财,在共同实施抢劫过程中致人死亡,其行为均已构成抢劫罪;张某以非法占有为目的,秘密窃取他人财物,数额较大,其行为又构成盗窃罪。本案抢劫罪系共同犯罪,在共同犯罪中,三被告人均起主要作用,均系主犯。三被告人虽有如实供述犯罪事实的行为,但供述不具有主动性,不属于自动投案,不符合自首的法定构成要件,也不属于仅因形迹可疑,在被司法机关盘问、教育后,主动交代自己罪行的情形,不能认定为自首。因此,三被告人提出具有自首情节及江苏省人民检察院提出张某构成自首的意见,不予采纳。刘某、李某二人作案时均未满十六周岁,依法可予从轻处罚;刘某揭发他人盗窃犯罪经查属实,有立功表现,依法可予从轻处罚;但二人作案手段残忍,后果极其严重,一审在量刑时已对上述情节综合考虑,量刑并无不当,故对其二人提出原判量刑偏重的上诉理由不予采纳。张某不构成立功,其提议抢劫,负责分工,在实施抢劫过程中首先动手勒被害人颈部,当被害人反抗逃跑时,张某先行制服被害人,虽未直接实施捅刺行为,但其按住被害人头部,让事先安排好的另二被告人实施捅刺行为,在抢劫致死被害人过程中起关键作用,且带领两名未成年人实施犯罪,主观恶性极深,性质尤为恶劣,一审对其量刑并无不当。因此,张某提出原判量刑过重以及江苏省人民检察院提出对张某从轻处罚的建议,不予采纳。原判认定事实清楚,证据确实、充分,定罪准确,量刑适当,审判程序合法。依照《中华人民共和国刑事诉讼法》第一百八十九条第一项之规定,裁定如下:

驳回上诉,维持原判,并依法报请最高人民法院复核。

最高人民法院经复核认为,被告人张某伙同他人以非法占有为目的,采取暴力手段劫取他人财物,其行为已构成抢劫罪;又伙同他人以非法占有为目的,秘密窃取数额较大的财物,其行为又构成盗窃罪,应依法数罪并罚。在抢劫犯罪中,张某等人杀死被害人,手段极其残忍,情节特别恶劣,罪行极其严重。张某首先提出抢劫犯意并对分工和作案手段作了安排,在实施抢劫过程中首先动手,当被害人反抗逃跑时,又首先追赶并控制住被害人,使其不能反抗,在共同犯罪中起主要作用,系主犯,应依法惩处。第一审判决、第二审裁定认定的事实清楚,证据确实、充分,定罪准确,量刑适当,审判程序合法。依照《中华人民共和国刑事诉讼法》第一百九十九条和《最高人民法院关于复核死刑案件若干问题的规定》第二条第一款之规定,裁定核准江苏省高级人民法院维持第一审对被告人张某以抢劫罪判处死刑,剥夺政治权利终身,并处没收个人全部财产;以盗窃罪判处有期徒刑六个月,并处罚金人民币一千元;决定执行死刑,剥夺政治权利终身,并处没收个人全部财产的刑事裁定。

二、主要问题

行为人因形迹可疑被盘问时,当场被搜出与犯罪有关的物品后,才交代犯罪事实的,能否认定为自动投案?

三、裁判理由

本案中,被告人张某、刘某、李某因形迹可疑被公安人员盘问时,刘某、李某均未交代犯罪事实,不能认定为“形迹可疑”型自首,此节不存在争议。但张某在接受盘问时交代了犯罪事实,能否认定为“形迹可疑”型自首?审理过程中存在不同意见。第一种意见认为,张某仅因形迹可疑被公安人员盘问后,交代了犯罪事实,应视为自动投案,构成自首;第二种意见认为,张某因形迹可疑被公安人员盘问时并未交代犯罪事实,直至犯罪证据被公安人员发现、掌握后才供述,已不属于“形迹可疑”,不构成自首。

我们同意第二种意见。被告人张某交代犯罪事实时,公安人员已从其同行的同案犯身上搜获与犯罪有关的物品,足以认定其有实施盗抢的“犯罪嫌疑”,而非“形迹可疑”。也就是说,其罪行已被公安机关发觉,不构成“形迹可疑”型自首。司法实践中,“形迹可疑”和“犯罪嫌疑”的界限较难把握,我们认为应当掌握以下几点:

(一)“犯罪嫌疑”与“形迹可疑”的区别

根据1998年《最高人民法院关于处理自首和立功具体应用法律若干问题的解释》第一条第一项的规定,罪行未被司法机关发觉,仅因形迹可疑被有关组织或者司法机关盘问、教育后,主动交代自己的罪行的,应当视为自动投案。据此认定为自首的,我们称为“形迹可疑”型自首,其成立应具备以下条件:(1)行为人的罪行尚未被司法机关发觉,包括两种情况,一是犯罪事实尚未被司法机关发现;二是犯罪事实虽已被发现,但司法机关尚未将行为人确定为犯罪嫌疑人。(2)行为人仅因形迹可疑被盘问、教育,而非具有犯罪嫌疑。(3)行为人主动、如实交代了犯罪事实,其供述完全基于本人意愿,而非迫于证据压力被动交代。

司法实践中认定“形迹可疑”型自首,难点在于区分行为人系

“形迹可疑”还是有“犯罪嫌疑”。如果行为人交代犯罪时已被认定具有“犯罪嫌疑”,则不可能成立“形迹可疑”型自首。所谓“形迹可疑”,是指行为人的举动、神态不正常,使人产生疑问。这种疑问是臆断性的心理判断,它的产生没有也不需要凭借一定的事实根据,是一种仅凭常理、常情判断而产生的怀疑。而“犯罪嫌疑”,是指侦查人员凭借一定的事实根据或者他人提供的线索,认定特定人有作案嫌疑。这种嫌疑是逻辑判断的结果,它的产生必须以一定的客观事实为依据,是一种有事实根据的怀疑。这两种怀疑的根本区别在于,是否有事实根据以及这种根据是否足以将行为人确定为犯罪嫌疑人。

区分“形迹可疑”与“犯罪嫌疑”的关键在于:一是司法机关是否掌握了行为人犯罪的一定证据或线索;二是行为人当时不如实交代能否自圆其说,能否作出合理解释。如果行为人不如实交代犯罪仍能自圆其说,足以消除司法机关对其产生的合理怀疑,那随后交代犯罪即具有主动性,可以视为自动投案。

具体到本案,可分为两个阶段:第一阶段是公安人员设卡排查时发现被告人张某等三人深夜携带行李,其中一人头发潮湿,即拦截盘问;第二阶段是公安人员发现张某右手缠有纱布且正滴血,同行的李某身上有一部手机来路不明。我们认为,张某等人在第一阶段属于“形迹可疑”,第二阶段则系有“犯罪嫌疑”,理由如下:

第一阶段中,公安人员虽掌握犯罪嫌疑人为三人,与张某等人情况相符,但对其三人进行盘问的原因是深夜携带行李、一人头发潮湿、形迹可疑,这些只是举动和神态的异常,并非确实、具体的证据,尚不足以将此三人与刚发生的抢劫犯罪建立客观联系,令人产生合理怀疑。而且,三被告人若不如实交代,亦可能自圆其说,如深夜乘车抵达、携带行李匆忙赶路。因此,张某等人最初接受盘问时,属于“形迹可疑”。如果此时三人主动交代了,即应视为自动投案。但当时三人均未交代犯罪事实,故不能认定为自动投案。

第二阶段中，公安人员发现张某右手缠有纱布且正在滴血，同行的李某身上有一部手机来路不明，其中手机系赃物，属于犯罪证据，足以令人怀疑其三人实施了与手机有关的犯罪，且三人均不能作出合理解释，无法消除公安人员对其产生的合理怀疑，已有"犯罪嫌疑"。而在此时，张某才交代犯罪事实，实属在证据面前被迫作出的无奈之举，因为公安人员完全能够对赃物手机进一步调查查清来源，属于被动交代，对是否确定其为犯罪嫌疑人已无实质意义，故不构成自首。

（二）行为人因形迹可疑被盘问时，当场被搜出与犯罪有关的物品后，才交代犯罪事实的，不能视为自动投案

如上所述，行为人因形迹可疑被盘问时，当场被搜出与犯罪有关的物品后，行为人已不属于"形迹可疑"，而是具有"犯罪嫌疑"的明显证据，其罪行已被司法机关发觉，故交代犯罪事实对确定犯罪嫌疑人无实质意义，不能认定为投案自首。正因如此，2010 年《最高人民法院关于处理自首和立功若干具体问题的意见》（以下简称《意见》）第一条第三款明确规定："罪行未被有关部门、司法机关发觉，仅因形迹可疑被盘问、教育后，主动交代了犯罪事实的，应当视为自动投案，但有关部门、司法机关在其身上、随身携带的物品、驾乘的交通工具等处发现与犯罪有关的物品的，不能认定为自动投案。"该规定对"形迹可疑"型自首的成立条件作了更为严格的限定，行为人仅因形迹可疑被盘问、教育的，只要在其随身物品及和其人身紧密相关的场所搜出与犯罪有关的物品，无论其是否交代犯罪事实，也无论其是在被查获犯罪证据之前或之后交代犯罪事实，均不认定为自动投案，因为其交代罪行对确定犯罪嫌疑人不具有实质意义。也就是说，即便被告人张某等人在第一阶段交代了犯罪事实，只要此后被搜出与犯罪有关的物品，亦不视为自动投案。

所谓"与犯罪有关的物品"，是指能够将行为人与某一或某种

具体的犯罪联系在一起的物品,如来路不明的财物、毒品等违禁品,沾有血迹的物品等。需要指出的是,这种联系不需要具有明确的针对性,只要足以令人合理怀疑行为人实施了与该物品有关的犯罪即可,不需要明确指向某一具体、特定的犯罪事实。例如,边防武警例行检查时,发现行为人神色慌张、形迹可疑,遂对其进行盘问,发现其随身携带的尖刀上有疑似新鲜血迹,此人难以自圆其说,遂交代了其持刀抢劫致人死亡的犯罪事实。虽然边防武警并不掌握相关抢劫犯罪事实,带血尖刀不能将行为人与其实施的具体犯罪联系起来,但足以确定其涉嫌与杀人有关的犯罪,仍属于"与犯罪有关的物品"。再如,行为人杀人后穿走被害人的夹克,逃跑途中因神色慌张被巡警盘查,遂交代了犯罪事实。虽然其身上穿着被害人的夹克,但该夹克并无可疑之处,不能将行为人与其杀人犯罪联系在一起,故不属于"与犯罪有关的物品"。但如果行为人杀人后已有人报案,并将行为人穿走的被害人的夹克特征向公安人员作了具体详细的描述,如夹克的品牌、颜色、款式,或者袖口处有被害人的标记或者衣物上有血迹等,公安人员据此特征将行为人作为犯罪嫌疑人进行盘问的,应当认定该夹克是"与犯罪有关的物品"。此种情形下,即使行为人随即供述了犯罪事实,也不能视为自首。

值得强调的是,对于"形迹可疑"型自首的认定,重点在于审查行为人主动交代犯罪事实对确定犯罪嫌疑人是否具有实质意义。如果其交代对确定犯罪嫌疑人不具有实质意义,一般不能认定为自动投案。依此标准,行为人仅因形迹可疑被盘问、教育后主动交代犯罪事实的,若有关部门在其交代前或交代后即在其身上、随身物品、交通工具等处发现足以确定其犯罪嫌疑的证据的,不能认定为"形迹可疑"型自首。这里所说的证据,除了《意见》第一条第三款规定的"与犯罪有关的物品"外,还包括其他足以将行为人与某一或某种具体犯罪关联的情形。例如,公安人员设卡盘查故意杀人逃犯时,已从目击证人处了解到凶手右手臂有刀伤,故行为人因形迹可疑接受盘查时被发现右手臂有刀伤的,无论其是否交代犯罪事实,均不认定为自动投案,因为此时公安人员已掌握其犯罪证据,其交代犯罪事实对确定犯罪嫌疑人不具有实质意义。

综上,原判认定被告人张某不构成“形迹可疑”型自首,符合刑法总则以及《意见》关于自首的规定本意。

(撰稿:最高人民法院刑一庭　何东青
江苏省南通市中级人民法院　杜开林　顾峰峰
审编:最高人民法院刑一庭　薛淑兰)

[第703号]

蒋文正爆炸、敲诈勒索案

——余罪自首中如何认定“不同种罪行”和“司法机关已掌握的罪行”

一、基本案情

被告人蒋文正,男,1968年7月19日出生,农民。因涉嫌犯爆炸罪于2009年6月4日被刑事拘留,2009年7月7日被逮捕。

湖南省郴州市人民检察院以被告人蒋文正犯爆炸罪、敲诈勒索罪,向郴州市中级人民法院提起公诉。

被告人蒋文正对指控的犯罪事实不持异议。辩护人提出,蒋文正所犯敲诈勒索罪属自首;第一次爆炸的地点是在医院的厕所而不是在人口密集地点,说明蒋文正犯罪手段有所节制,请求从轻处罚。

郴州市中级人民法院经审理查明:

1. 关于爆炸事实

2009年5月下旬,被告人蒋文正得知湖南省桂阳县城关镇泰康医院(以下简称泰康医院)发生过医疗纠纷,遂预谋采取爆炸的方式向泰康医院敲诈财物。同月28日1时许,蒋文正将自制的定时爆炸装置安放在泰康医院一楼儿科住院部卫生间内的电热水器上,后该装置发生爆炸,致住院病人及家属胡清、陈华勇轻微伤,刘芳及其幼子周坚等受伤,并造成医院机械设备受损。随后,蒋文正用手机发短信、打电话，多次向泰康医院董事长谭水生勒索财物，均未果。蒋文正认为没有达到目的，决定再次对泰康医院实施爆炸。

2009 年 6 月 1 日 20 时许，蒋文正用纱布包脸伪装成伤员，一手提一袋苹果，一手提用旺仔牛奶箱装的已定时 1 小时的爆炸装置，乘坐被害人徐细群驾驶的出租摩托车前往泰康医院。途中，蒋文正以有事为借口下车，委托徐细群将苹果和牛奶箱送至泰康医院住院部二楼交给一名 70 多岁的老太太。徐细群提着东西到医院二楼寻人，遍寻不着。当徐细群提着东西下楼时，爆炸装置发生爆炸，致徐细群重伤，胡胜国轻伤，易慧东、廖兵华轻微伤，龚光德等人亦受伤，并造成泰康医院住院部楼道口附属设备被毁。两次爆炸造成泰康医院经济损失共计人民币（以下币种均为人民币）234 600 元。

2. 关于敲诈勒索事实

2009 年 5 月 28 日凌晨 1 时许，被告人蒋文正在湖南省桂阳县城关镇泰康医院安放爆炸装置后，来到该镇蒙泉路 20 号李牛圣经营的寿材店门口，安放了一包装有雷管、导火索的炸药，并打电话向李牛圣勒索 2 万元。李牛圣即报警，蒋文正勒索未果。

2009 年 5 月 29 日至 5 月 31 日，被告人蒋文正多次打电话、发短信恐吓湖南省桂阳县教育局职工曹玲英，向曹玲英勒索 10 万元，未果。

泰康医院在发生第二次爆炸后即报警，该医院董事长谭水生向公安机关反映在事发后多次接到勒索电话，并提供了电话号码。公安机关经侦查，确定系人为爆炸案，案发后通过电话向医院敲诈钱财。公安机关一方面指导谭水生通过电话与犯罪嫌疑人周旋，另一方面展开技术侦查工作，后将犯罪嫌疑人蒋文正抓获。蒋文正归案后主动供述了公安机关尚未掌握的在泰康医院实施的第一次爆炸，及敲诈勒索李牛圣、曹玲英的犯罪事实。

郴州市中级人民法院认为,被告人蒋文正采用爆炸的方法,向他人勒索财物,其行为已构成爆炸罪;以非法占有为目的,对被害人使用威胁、恐吓的方法勒索钱财,数额巨大,其行为已构成敲诈勒索罪,依法应数罪并罚。蒋文正归案后,如实供述了公安机关尚未掌握的两起敲诈勒索的犯罪行为,以自首论,且系未遂,可以从轻或者减轻处罚。依照《中华人民共和国刑法》第一百一十五条第一款、第二百七十四条、第二十三条、第三十六条第一款、第四十八条、第五十七条第一款、第六十七条第二款、第六十九条之规定,判决如下:

被告人蒋文正犯爆炸罪,判处死刑,剥夺政治权利终身;犯敲诈勒索罪,判处有期徒刑一年,决定执行死刑,剥夺政治权利终身。

一审宣判后,被告人蒋文正未提出上诉。

湖南省高级人民法院经审理认为,原判认定事实清楚,证据确实、充分,定罪准确,量刑适当,审判程序合法。依照《中华人民共和国刑事诉讼法》第二百条之规定,裁定维持原判,并依法报请最高人民法院核准。

最高人民法院经复核认为,被告人蒋文正以爆炸的方法危害公共安全,其行为已构成爆炸罪;敲诈勒索他人财物,数额巨大,其行为又构成敲诈勒索罪,依法应数罪并罚。蒋文正所犯敲诈勒索罪系未遂,亦系其归案后主动供述,但因与公安机关已掌握的罪行属同种罪行,依法不认定为自首。蒋文正为勒索财物,先后两次在医院实施爆炸,犯罪动机卑劣,犯罪情节恶劣,社会危害性极大,应依法惩处。原审判决、湖南省高级人民法院复核审裁定认定的事实清楚,证据确实、充分,定罪准确,量刑适当,审判程序合法。依照《中华人民共和国刑事诉讼法》第一百九十九条和《最高人民法院关于复核死刑案件若干问题的规定》第二条第一款的规定,裁定如下:

核准湖南省高级人民法院同意原审对被告人蒋文正以爆炸罪判处死刑,剥夺政治权利终身;以敲诈勒索罪判处有期徒刑一年;

决定执行死刑,剥夺政治权利终身的刑事裁定。

二、主要问题

1. 被告人蒋文正主动供述公安机关未掌握的另两起敲诈勒索犯罪,与公安机关已掌握的爆炸后敲诈勒索犯罪是否属不同种罪行?是否构成自首?

2. 本案未造成被害人死亡,能否适用死刑?

三、裁判理由

(一)被告人蒋文正主动供述的公安机关未掌握的两起敲诈勒索罪行,与公安机关已掌握的爆炸后敲诈勒索罪行属同种罪行,不构成自首

在本案审理中产生两种意见。一种意见认为,蒋文正在泰康医院实施爆炸并进行敲诈勒索的行为构成爆炸罪,不构成敲诈勒索罪。因此,其主动供述的另两起敲诈勒索犯罪与司法机关已掌握的罪行属不同种罪行,构成自首。另一种意见认为,蒋文正归案时,司法机关已掌握了其涉嫌爆炸罪、敲诈勒索罪的罪行,故其主动供述的另两起敲诈勒索犯罪属同种罪行,不构成自首。

刑法第六十七条第二款规定:“……被采取强制措施的犯罪嫌疑人、被告人和正在服刑的罪犯,如实供述司法机关尚未掌握的本人的其他罪行的,以自首论。”这在理论上一般被称为“余罪自首”或者“准自首”。1998年《最高人民法院关于处理自首和立功具体应用法律若干问题的解释》(以下简称《解释》)第二条进一步规定:“……被采取强制措施的犯罪嫌疑人、被告人和已宣判的罪犯,如实供述司法机关尚未掌握的罪行,与司法机关已掌握的或者判决确定的罪行属不同种罪行的,以自首论。”第四条规定:“被采取强制措施的犯罪嫌疑人、被告人和已宣判的罪犯,如实供述司法机关尚未掌握的罪行,与司法机关已掌握的或者判决确定的罪行属同种罪行的,可以酌情从轻处罚……”在上述规定中,有两点需要注意:

首先,应当明确,对于如何判断“同种罪行”、“不同种罪行”,在司法实践中一直坚持的标准是,原则上以罪名(或者犯罪构成)区分,罪名不同的,一般属不同种罪行。这种观点也得到了刑法学界的肯定,成为通说。但2010年《最高人民法院关于处理自首和立功若干具体问题的意见》(以下简称《意见》)对何为“同种罪行”作了进一步的明确。《意见》第三条第二款规定:“犯罪嫌疑人、被告人在被采取强制措施期间如实供述本人其他罪行,该罪行与司法机关已掌握的罪行属同种罪行还是不同种罪行,一般应以罪名区分。虽然如实供述的其他罪行的罪名与司法机关已掌握犯罪的罪名不同,但如实供述的其他犯罪与司法机关已掌握的犯罪属选择性罪名或者在法律、事实上密切关联……应认定为同种罪行。”

其次,《解释》既然区分了“司法机关已掌握的罪行”和“判决确定的罪行”两种情形,说明这两者应该有所区别,否则就没有必要并列规定。前一种情形,则是指司法机关已了解到一定线索、证据,可以形成合理怀疑的罪行。后一种情形很明确,是指法院判决确认的罪行。司法机关已掌握的罪行与判决确定的罪行构成不同罪名的情况在司法实践中并非个例。例如,公安机关已掌握的罪行构成两个罪名,但检察机关对次要罪名未起诉,法院亦未认定,即为适例。

综上,《解释》关于余罪自首的规定就可以被理解为,被采取强制措施的犯罪嫌疑人、被告人和已宣判的罪犯,如实供述司法机关尚未掌握的罪行,与司法机关已掌握的罪行或者判决确定的罪行均构成不同罪名的,成立自首(按《意见》规定,属选择性罪名或者存在法律、事实关联的除外);与司法机关已掌握的罪行或者判决确定的罪行构成相同罪名的,不成立自首。当然,如果司法机关已掌握的罪行经查不实,则应当以判决确定的罪名,来认定是否构成余罪自首。这里的“罪名”,不限于法院判决确定的罪名。认定罪名的法律标准是犯罪构成,数行为符合同一犯罪构成的,就是同一罪名;符合不同犯罪构成的,就是不同罪名。所以,《意见》规定的是"以罪名区分",而不是以"判决确定的罪名区分"。

本案中,蒋文正归案时,公安机关已经掌握了其为敲诈勒索而实施爆炸的罪行。从犯罪构成看,该行为构成爆炸罪、敲诈勒索罪两个罪名。但理论上和实践中一般都认为,这种情形属于牵连犯,即以实施某一犯罪为目的,其方法行为或者结果行为又触犯其他罪名的犯罪形态。牵连犯的特征之一就是实施两个行为,符合两个犯罪构成,触犯两个不同的罪名。所以说,牵连犯属实质的数罪,即行为本来构成两个罪,但按照刑法理论和司法惯例一般都择一重罪从重处罚,当然刑法有特殊规定的除外。既然在蒋文正归案时,公安机关已经掌握了其涉嫌爆炸并敲诈勒索的罪行,该罪行构成爆炸罪、敲诈勒索罪,所以,此时公安机关已经掌握了蒋文正涉嫌这两个罪名。蒋文正归案后主动如实供述的另两起敲诈勒索,与公安机关已掌握的部分罪行都构成敲诈勒索罪,属于同种罪行,故不能认定为自首。

(二)本案被告人罪行极其严重,应当依法适用死刑

关于本案的量刑,在审判过程中也形成两种意见。一种意见认为,蒋文正犯罪未造成死亡结果,且其归案后如实供述罪行,有坦白情节,认罪态度较好,被害人员已由当地政府和泰康医院妥善安抚,不适用死刑亦可实现"案结事了"。另一种意见认为,蒋文正在公共场所实施爆炸,对社会稳定和公众的心理均造成巨大危害,犯罪情节和后果特别严重,主观恶性深,人身危险性大,属严重危害社会的犯罪分子,应当适用死刑。

虽然本案未造成被害人死亡,且蒋文正归案后主动如实供述了公安机关尚未掌握的在泰康医院实施第一次爆炸及敲诈勒索李牛圣、曹玲英的犯罪事实,有坦白情节,认罪态度较好,但仍不足以对其从轻处罚。理由是:《最高人民法院关于贯彻宽严相济刑事政策的若干意见》第六条规定:"宽严相济刑事政策中的从'严',

主要是指对于罪行十分严重、社会危害性极大,依法应当判处重刑或死刑的,要坚决地判处重刑或死刑;对于社会危害大或者具有法定、酌定从重处罚情节,以及主观恶性深、人身危险性大的被告人,要依法从严惩处。"第七条规定:"贯彻宽严相济刑事政策,必须毫不动摇地坚持依法严惩严重刑事犯罪的方针。对于……故意危害公共安全犯罪等严重危害国家政权稳固和社会治安的犯罪……要作为严惩的重点,依法从重处罚。尤其对于极端仇视国家和社会,以不特定人为侵害对象,所犯罪行特别严重的犯罪分子,该重判的要坚决依法重判,该判处死刑的要坚决依法判处死刑。"根据上述政策要求,就本案而言:

首先,从犯罪性质方面看,本案系故意危害公共安全犯罪,侵害不特定多数人的人身安全和重大公私财产安全,历来是刑法严惩的重点。

其次,从主观恶性和人身危险性方面看,蒋文正为谋私利而选择在医院这一特殊公共场所实施爆炸犯罪,置医护人员和就医患者的死活于不顾,伤及无辜,动机卑劣,主观恶性极深;且在医院第一次爆炸后即到李牛圣经营的商店门口放置炸药,在敲诈未遂的情况下又到医院实施第二次爆炸,犯罪意志坚定,人身危险性极大。

最后,从犯罪后果看,蒋文正两次爆炸造成一人重伤(被害人右手功能全部丧失,属五级伤残;右下肢膝关节功能达不到功能位,属六级伤残)、一人轻伤及多人轻微伤,并造成财产损失20余万元,对公众心理、群众安全感和社会稳定均造成了巨大危害,引起极大的恐慌,犯罪后果特别严重。

因此,综合本案情节来看,蒋文正罪行极其严重,应当依法适用死刑。

(撰稿:最高人民法院刑一庭　林红英　孟　伟
审编:最高人民法院刑一庭　薛淑兰)

[第704号]

刘长华抢劫案

——如何判断行为人是属于"形迹可疑"还是"犯罪嫌疑"

一、基本案情

上诉人(原审被告人)刘长华,男,1972年1月7日出生,土家族,贵州省镇远县人,高中文化,待业,住所地贵州省镇远县尚寨乡律令村二组。因本案于2008年3月18日被羁押,次日被刑事拘留,2008年4月2日被逮捕。

广东省珠海市香洲区人民检察院以被告人刘长华犯抢劫罪,向广东省珠海市香洲区人民法院提起公诉。

广东省珠海市香洲区人民法院经公开审理查明:2008年3月18日23时许,被告人刘长华携带水果刀、手电筒及手套等工具窜至珠海市香洲区兰埔村一出租屋,以嫖宿为由,在与被害人刘小兰发生性关系后,趁刘不备,用拳头猛击刘小兰的头部,欲将刘打昏后劫取财物。因刘小兰呼救,刘长华随即逃跑,刘小兰的朋友马卫尾随追赶,追至珠海市香洲区九洲大道银石雅园对出路段时被巡逻民警发现。巡逻民警认为刘长华形迹可疑,即上前拦截,抓住刘,从刘的身上搜出手电筒一支、手套一双、水果刀一把,并将刘带回珠海市公安局前山派出所调查。在后追赶的马卫见状随即返回,没有前往公安机关作证,刘小兰亦未报案。刘长华被民警带至派出所后,在2008年3月19日1时53分至2时17分第一次接受民警询问时不承认抢劫的犯罪事实,同日7时至8时第二次接受民警询问时开始交代抢劫的犯罪事实。同日14时,侦查人员在刘长华的指认下,到前山兰埔旧村一出租屋找到刘小兰协助调查。

广东省珠海市香洲区人民法院认为,被告人刘长华以非法占有为目的,使用暴力试图劫取他人财物,其行为已经构成抢劫罪,但由于其意志以外的原因而未得逞,属于犯罪未遂,可以从轻处罚。遂依照《中华人民共和国刑法》第二十三条、第二百六十三条的规定,以抢劫罪判处被告人刘长华有期徒刑三年,并处罚金人民币一千元。

一审宣判后,被告人刘长华不服,以其系抢劫未遂,原判决量刑过重为由提出上诉。

广东省珠海市中级人民法院认为,上诉人刘长华以非法占有为目的,当场采取暴力手段劫取他人财物的行为已构成抢劫罪。刘长华因意志以外的原因而未得逞,是犯罪未遂,可以比照既遂犯从轻处罚。其在实施抢劫后,被采取强制措施之前,仅因形迹可疑而被巡逻民警调查询问时即如实供述抢劫罪行,依照《最高人民法院关于处理自首和立功具体应用法律若干问题的解释》第一条的规定,属于自首,可以减轻处罚。原判决认定事实和定性准确,但未认定刘长华自首,量刑不当,应予纠正。依照《中华人民共和国刑事诉讼法》第一百八十九条第三项,《中华人民共和国刑法》第二百六十三条、第二十三条、第六十七条,《最高人民法院关于处理自首和立功具体应用法律若干问题的解释》第一条的规定,以抢劫罪改判上诉人刘长华有期徒刑二年,并处罚金人民币一千元。

二、主要问题

在形迹可疑人员身上发现疑似与犯罪有关物品的,如何判断其是属于“形迹可疑”还是“犯罪嫌疑”?

三、裁判理由

自首的成立必须同时具备自动投案和如实供述罪行两个要件,《最高人民法院关于处理自首和立功具体应用法律若干问题的解释》(以下简称《解释》)将“罪行未被司法机关发觉,仅因形迹可疑被有关组织或者司法机关盘问、教育后,主动交代自己的罪行”的情形规定为“应当视为自动投案”,《最高人民法院关于处理自首和立功若干具体问题的意见》(以下简称《意见》)又进一步明确规定:“罪行未被有关部门、司法机关发觉,仅因形迹可疑被盘问、教育后,主动交代了犯罪事实的,应当视为自动投案,但有关部门、司法机关在其身上、随身携带的物品、驾乘的交通工具等处发现与犯罪有关的物品的,不能认定为自动投案。”可见,判断行为人是属于“形迹可疑”还是“犯罪嫌疑”,关键在于司法机关是否掌握客观并据此足以合理怀疑行为人实施某种犯罪的证据,能否在行为人与具体案件之间建立起直接、明确、紧密的联系。

本案审理时,《意见》尚未出台。审理过程中,对于被告人刘长华是否成立“形迹可疑”型自首存在截然不同的两种意见。一种意见认为,刘长华是在被他人追赶过程中被巡逻民警发现而被截查的,当场从其身上查获了手电筒、手套、水果刀等作案工具,刘长华是在无法对其所携带的物品进行合理解释的情况下被迫供述其罪行的,其不具备投案的自动性,只能认定为坦白,不能认定为自首。另一种意见则认为,仅从刘长华被他人追赶以及从其身上查获的物品难以认定其具有犯罪嫌疑,而且其是在被采取强制措施之前供述公安机关尚未掌握的罪行,带领公安人员找到被害人刘小兰和证人马卫取证,使案件得以侦破,应成立自首。之所以存在上述分歧,主要原因在于对《解释》中的“形迹可疑”型自首的理解不同。认定“形迹可疑”型自首,不仅要准确把握形迹可疑的性质和范围,还应当掌握形迹可疑和犯罪嫌疑的联系和区别。因为犯罪嫌疑一旦确立,就意味着“形迹可疑”型自首中“罪行尚未被司法机关发觉”的前提不能成立。

从审判实践看,“形迹可疑”有两种较为常见的情形。一种情形是司法机关尚未掌握行为人犯罪的任何线索、证据,而是根据行为人当时举动、神色异常而判断行为人可能存在违法犯罪行为。这种情形下的行为人情况又分为两种:一种是行为人身上并没有任何犯罪工具或遗留下犯罪痕迹,仅因心理恐慌被盘问便向司法机关供述了自己的犯罪事实。对于此类情况,实践中对此无争议,一般都将其认定为自首。另一种是行为人因形迹可疑被司法人员盘问,行为人向司法机关供述了其犯罪事实,司法机关工作人员随即在其身上、交通工具上或盘问时的住所等处发现与犯罪有关的物品的,是否视为自首?此类情况在《意见》出台前争议较大。例如,公安机关设卡例行检查时发现某人神色慌张,形迹可疑,遂对其进行盘问,此人即交代了运输毒品的犯罪事实,公安人员随后在其随身携带的行李箱内查获毒品,对于这种情况,有的法院将其视为自首,有的法院不认定为自首。为了统一执法尺度,《意见》出台时,在第一条第二款明确规定了此类情况不再认定为自首。但需要注意的是,《〈最高人民法院关于处理自首和立功若干具体问题的意见〉的理解与适用》(以下简称《理解与适用》)中特别指出:“如果与犯罪有关的物品是通过正常工作方法难以发现的,如某人运输毒品时发现前方500米处有检查站,即将毒品埋在路边,该人在检查站因神色慌张而被盘问,即交代了犯罪事实并带领公安人员找到了埋藏的毒品,此时的主动交代对确定犯罪嫌疑人就具有实质意义,可以认定为自动投案。”对于其他类似情形,均应当根据行为人当时的自首是否具有实质意义来具体把握。

“形迹可疑”的另一种常见情形是,某一具体案件发生后,司法机关掌握一定的证据或者线索,明确了侦查方向,圈定了排查范围,在调查或者排查过程中发现行为人表现异常,但尚不足以通过现有证据确定其为犯罪嫌疑人。此种情形下的“形迹可疑”能够将行为人同具体案件联系起来，但这种联系还不能达到将行为人锁定为犯罪嫌疑人的程度，行为人主动供述罪行即成立自首。而犯罪嫌疑指的是司法机关掌握足以认定行为人实施某种犯罪的证据或者线索，通过逻辑判断认定行为人有作案的重大嫌疑，一旦确立犯罪嫌疑，“形迹可疑”型自首便无法成立。

形迹可疑和犯罪嫌疑容易混淆。首先，形迹可疑者与犯罪嫌疑人都是盘问的对象，《人民警察法》规定，民警对形迹可疑、有违法犯罪嫌疑的人员，可以当场盘问、检查，这决定了两者的归案都具有一定程度的被动性；其次，形迹可疑与犯罪嫌疑都是司法机关对特定人具有违法犯罪可能性的怀疑和判断，具有主观性；最后，判断形迹可疑与犯罪嫌疑都凭借常识、常理、常情和工作经验，都有或者不排除一定的证据或者线索。

形迹可疑和犯罪嫌疑虽然容易混淆，但也存在区别。首先，判断形迹可疑是基于行为人的某些可疑表象，主要依据的是常识、常理、常情和工作经验，有时甚至是直觉所形成的推测；犯罪嫌疑则是在对证据进行分析、判断后形成的推定，两者产生怀疑的依据不同。其次，形迹可疑可以不掌握任何证据和线索，或者仅掌握不足以合理怀疑行为人实施某种犯罪的证据或线索；犯罪嫌疑则强调需要以事实证据为依据，司法机关是否掌握足以合理怀疑行为人实施某种犯罪的证据或者线索。最后，形迹可疑仅是一般性怀疑，可以是行为人同某种犯罪无任何联系，或者同某种犯罪有联系的疑点，怀疑的内容一般是“此人可能做了什么坏事”；犯罪嫌疑则是针对性的怀疑，必须将行为人与某种具体犯罪相联系，而且足以认定行为人有作案的重大嫌疑，怀疑的内容一般是“此物是否盗抢而来”等，两者对证据和线索的要求不同。

在上述区别当中，行为人如实供述罪行之前司法机关是否已经掌握客观的、据此足以合理怀疑行为人实施某种犯罪的证据或者线索，从而在行为人与具体案件之间建立起直接、明确、紧密的联系,是形迹可疑与犯罪嫌疑的本质区别,是正确认定“形迹可疑型”自首的关键所在。如果侦查人员从行为人身上或住处查获赃物、作案工具等客观性的证据,或者现场目击证人直接指认行为人系作案人,由于已有一定证据指向行为人,其具有较其他排查对象更高的作案嫌疑,便成为犯罪嫌疑人,而不仅仅是形迹可疑。而对于侦查机关来说,案件的侦查程度已经可以对行为人采取强制措施。也就是说,能够在行为人与具体案件之间建立起直接、明确、紧密联系的,行为人就属于犯罪嫌疑人;建立不起这种联系,而主要凭经验、直觉认为行为人有作案可能的,行为人就属于形迹可疑。行为人在因形迹可疑受到盘问、教育时主动交代自己所犯罪行的,应当认定为自动投案,构成自首。

具体到本案,由于被害人刘小兰系卖淫女,其因惧怕暴露卖淫违法行为而在被刘长华抢劫后不敢报警,其朋友马卫在追赶刘长华过程中见巡逻民警将刘长华截停亦未上前指认刘长华实施了抢劫行为,而是直接返回住处。巡逻民警是因为刘长华深夜被他人追赶,认为其形迹可疑而将其截停,当时刘长华的抢劫罪行尚未被侦查机关掌握,而且在被害人刘小兰不敢报案的情况下侦查机关也不可能掌握该宗抢劫案件的发生。虽然巡逻民警将刘长华截停后从其身上查获了手电筒、手套、水果刀等工具,对其可能实施犯罪产生怀疑并将其带至派出所进行调查。但在没有被害人刘小兰报案和证人马卫指认的情况下,这些物品也可以作为正常生活用品予以解释。水果刀是折叠水果刀,并非管制刀具,行为人可以辩解为自己随身携带用于削水果用,电筒是晚上行路用于照明,手套是自己平时上班用的工具,后面有人追赶其完全可以称自己是被人追抢或追打,而追赶人马卫此时已离开现场,被害人刘小兰也未报案,民警此时根本不知道已有犯罪发生。因此,仅凭借查获的这些物品难以将刘长华与具体的抢劫案件之间建立起直接、明确、紧密的联系,从侦查机关对刘长华采取的是留置盘问措施以及所作的是询问笔录而非讯问笔录也可看出，民警只是感觉刘长华系形迹可疑，而非犯罪嫌疑。没有刘长华本人主动如实供述抢劫罪行并带领侦查人员寻找刘小兰配合调查，此案是无法侦破的，故其归案具有自动性，应当认定为自首。此外，刘长华是在被采取刑事拘留强制措施之前主动供述公安机关尚未掌握的抢劫罪行的，从这一角度来说其亦成立自首。

（撰稿：广东省珠海市中级人民法院　谢志刚　姚文强
审编：最高人民法院刑一庭　薛淑兰）

[第 705 号]

李吉林故意杀人案

——如实供述杀人罪行后，又翻供称被害人先实施严重伤害行为的，能否认定为对主要犯罪事实的翻供

一、基本案情

被告人李吉林，男，1982 年 12 月 31 日出生于湖南省宜章县，汉族，农民工。因本案于 2007 年 4 月 4 日被逮捕。

被害人肖某，女，殁年 23 岁，湖南省郴州市北湖区妇幼保健医院职工。

湖南省郴州市人民检察院以李吉林犯故意杀人罪，向湖南省郴州市中级人民法院提起公诉。

被告人李吉林辩称，被害人先捅其两刀，其是在被害人死后才掐的被害人。

湖南省郴州市中级人民法院经公开审理查明：被告人李吉林与被害人肖某系男女朋友关系。2007 年 3 月初，肖某打电话向正在广东省韶关市打工的李吉林提出分手。李吉林怀恨在心，欲杀死肖某后自杀，遂于 2007 年 3 月 6 日从其打工地携带一把铁锤回到湖南省郴州市。当日下午 3 时许，李吉林入住乐仙大酒店 711 房，将铁锤藏于床下。后又到郴江商贸城等地购买了杀猪刀、红色纤维绳和透明胶并藏于 711 房电视柜内。当晚，肖某应李吉林之

邀前来赴约。晚上9时许,肖某执意与李吉林分手并提出离开,李趁肖不备,用铁锤朝肖头部砸数下,致使肖颅骨骨折、脑组织外溢,后李又将肖抱到床上,持杀猪刀向肖心脏部位刺了一刀,并用双手掐肖的脖子。肖某因钝器致重度颅脑损伤及锐器损伤左肺动脉、静脉大失血而当场死亡。随后,李吉林先后用刀剖腹、割腕、割喉等方法自杀未果,因疼痛难忍拨打"110"报警。公安人员接到报警后,赶到现场将李吉林控制并送入医院治疗。

湖南省郴州市中级人民法院认为,被告人李吉林因与被害人肖某恋爱不成而怀恨在心,经过预谋,用铁锤和杀猪刀将肖某杀死,其行为构成故意杀人罪。公诉机关指控的罪名成立,且犯罪事实清楚,证据确实、充分。李吉林从其在公安机关的最后一次供述至开庭审理时辩称肖某先实施了用刀捅刺的行为,而在被抓获后的前几次供述中均未提及,因该辩解无其他证据予以支持,故不予采纳。李吉林精心准备作案工具,先持铁锤击打被害人头部,在被害人求饶的情况下仍不罢手,又持杀猪刀刺击被害人的心脏部位,还用手掐被害人的脖子,直至被害人死亡,其犯罪手段特别残忍,情节特别恶劣,社会危害性极大,依法应对其予以严惩。李吉林在自杀未果后拨打"110"报警,并供述自己的作案动机及全过程,属于自首,但依法不予从轻处罚。依照《中华人民共和国刑事诉讼法》第一百六十二条第一项,《中华人民共和国刑法》第二百三十二条、第五十七条第一款、第六十七条第一款,《中华人民共和国民法通则》第一百一十九条以及《最高人民法院关于审理人身损害赔偿案件适用法律若干问题的解释》第十七条第三款、第二十七条、第二十九条之规定,判决如下:被告人李吉林犯故意杀人罪,判处死刑,剥夺政治权利终身。

宣判后,被告人李吉林提出上诉。其辩护人提出,被害人在恋爱时曾花去其5万元左右,且是被害人先捅了其两刀,因此,被害人有一定过错,一审判决对此没有认定;李吉林有自首情节,愿意赔偿,有悔过自新表现,可以从轻处罚,一审量刑过重。湖南省人民检察院提出,李吉林有自首情节且本案起因于恋爱纠纷,建议改判死刑缓期二年执行。

湖南省高级人民法院经审理认为,被告人李吉林维持恋爱关系不成,持械故意非法剥夺他人生命,且致一人死亡,其行为构成故意杀人罪。李吉林犯罪后主动投案并如实供述其主要犯罪事实,系自首,但犯罪手段特别残忍,犯罪后果特别严重,且被害人不存在过错,依法不予从轻处罚。李吉林的辩解及其辩护人辩护所提意见无事实根据和证据支持,不能成立,湖南省人民检察院所提意见亦不能成立。原审判决认定的犯罪事实清楚,证据确实、充分,定罪准确,量刑适当,审判程序合法。依照《中华人民共和国刑事诉讼法》第一百八十九条第一项和《中华人民共和国刑法》第二百三十二条、第六十七条第一款、第五十七条第一款之规定,裁定驳回上诉,维持原判,并依法将本案报请最高人民法院核准。

最高人民法院经复核确认的事实与湖南省郴州市中级人民法院、湖南省高级人民法院认定的事实一致。最高人民法院经复核认为,被告人李吉林故意非法剥夺他人生命,并致人死亡,其行为构成故意杀人罪。李吉林自侦查阶段后期始,推翻其最初的部分供述,称在杀害肖某之前,因发生争吵肖先捅了其腹部两刀。经查,李吉林的翻供不能成立,其不如实供述主要犯罪事实,故不成立自首。李吉林因恋爱不成竟起杀人歹念,并采取锤砸、刀捅的手段杀死被害人,犯罪手段极其残忍,犯罪后果和罪行极其严重,应依法严惩。第一审判决、第二审裁定认定的事实清楚,证据确实、充分,定罪准确,量刑适当,审判程序合法。依照《中华人民共和国刑事诉讼法》第一百九十九条和《最高人民法院关于复核死刑案件若干问题的规定》第二条第一款之规定,裁定如下:

核准湖南省高级人民法院(2009)湘高法刑终字第60号维持第一审对被告人李吉林以故意杀人罪判处死刑,剥夺政治权利终身的刑事裁定。

二、主要问题

如实供述杀人罪行后，又翻供称被害人先实施严重伤害行为的，能否认定为对主要犯罪事实的翻供？

三、裁判理由

根据刑法第六十七条第一款的规定，如实供述自己的罪行，是成立自首的必要条件。根据1998年《最高人民法院关于处理自首和立功具体应用法律若干问题的解释》第一条第二项的规定，“如实供述自己的罪行”，是指如实交代自己的主要犯罪事实，犯罪嫌疑人自动投案并如实供述自己的罪行后又翻供的，不能认定为自首。司法实践中，“主要犯罪事实”一般理解为是指对行为性质有决定意义以及对量刑有重大影响的事实、情节。2010年《最高人民法院关于处理自首和立功若干具体问题的意见》第二条第一款规定：“……犯罪嫌疑人自动投案后隐瞒自己的真实身份等情况，影响对其定罪量刑的，不能认定为如实供述自己的罪行。”本案中，一、二审法院均认定被告人李吉林自首，但不应从轻处罚，并判处李吉林死刑立即执行。最高人民法院认定李吉林不能成立自首，并依法核准一审、二审对李吉林的死刑裁判，主要理由是：

（一）李吉林的翻供不能成立，其改变供述系歪曲主要犯罪事实，意图加重被害人的过错

第一，李吉林的翻供内容不合情理。被害人肖某在已经向李吉林提出分手的情况下只身赴约且未携带任何防身之物，印证了李吉林关于被害人意图“和平”分手的供述。而且，根据李吉林的供述，当晚其还与被害人发生过性关系。在这种情况下，被害人作为女性，主动恶语相向，不顾双方体力悬殊、不计后果地首先持刀捅刺李吉林的可能性不大。

第二，李吉林的翻供与在案其他证据所证的事实相矛盾。李

吉林所供“肖某从床头柜上拿起杀猪刀朝我肚子上捅了两刀,我就马上从床铺底下拿出锤子,用锤子砸肖某的后脑”与事实不符。一是与其庭审时所供锤子被其放在靠卫生间的柜子里相矛盾。二是无论锤子事先是在柜子里或床铺底下,此时的肖某都不可能无所反应,而李吉林对此语焉不详。三是尸检报告显示,肖某头部的伤均在头后部,如果是肖捅伤其后,其即拿锤砸肖,根本不可能打击到肖的后脑,而应当是肖的脑部前方或头面部。庭审时,李吉林称肖捅其后一直低着头直至被砸,李所供称的被害人的反应明显与正常人捅刺他人后的反应不合。最高人民法院提讯时,李吉林称其是将肖扭到窗前将肖身体翻过身才砸的,与其原来所供矛盾,且未描述肖的当时反应。四是在肖某遭受打击且手中持刀的情况下,肖不可能不进行反抗,但李吉林供述其手腕等其他部位的伤都是自己自伤造成的。五是尸检报告显示,肖某右手的腕关节、手背和掌指关节都有抵抗伤,如果肖手持刀,不可能形成这些抵抗伤。因此,李吉林所供肖某先捅他,然后其持锤砸肖的内容,与在案其他证据证实的情况矛盾,无法自圆其说。

第三,李吉林关于犯罪过程的原始供述自然、流畅。在案的视听资料和讯问笔录等均可证实,李吉林最初关于趁肖某不备而杀人的原始供述自然、流畅,符合事态发展的规律,且与在案的其他证据能够相互印证,应予采信。李吉林辩称,其翻供是由于最初求死,所以隐瞒了肖某捅刀的情节,现经过救治其不再求死,因而如实供述。李吉林此番辩解恰好暴露出其在治疗成功后为了求生而翻供,并将过错推卸给被害人以减轻自己罪责的意图。

综上,被告人李吉林的翻供既不合情理,更与在案其他证据相矛盾,故其翻供不具有可信性。对此,一、二审法院及最高人民法院复核审均持相同意见,认为李吉林的翻供不能成立。

(二)李吉林关于被害人先捅其两刀的后期供述,是对影响其定罪量刑重要情节的翻供,不能认定为如实供述主要犯罪事实本案被告人李吉林自公安机关最后一次讯问开始，一直到最高人民法院复核审提讯，始终供称其不是趁被害人肖某不备而行凶，而是在肖先用刀捅了其腹部两刀之后而杀害了肖某。关于此节事实，虽然一、二审法院及最高人民法院均认为李吉林的翻供不能成立，但一、二审法院认定李吉林虽然翻供但仍详细供述自己的作案动机及过程，可以认为是如实供述主要犯罪事实，成立自首。而最高人民法院否认了一、二审法院的认定意见，认为李吉林有关被害人先行实施严重伤害行为的翻供表明其并未如实供述自己的主要犯罪事实，因此，李吉林行为不成立自首。由此可见，有关被害人先行实施严重伤害行为的供述是否属于主要犯罪事实内容，李吉林对此翻供是否属于主要犯罪事实的翻供是审理本案的关键之所在。

根据《最高人民法院关于处理自首和立功具体应用法律若干问题的解释》第一条第二项的规定，“如实供述自己的罪行，是指犯罪嫌疑人自动投案后，如实交代自己的主要犯罪事实”。“犯罪嫌疑人自动投案并如实供述自己的罪行后又翻供的，不能认定为自首，但在一审判决前又能如实供述的，应当认定为自首”。司法实践中，成立自首所要求如实供述的“主要犯罪事实”，一般是指对认定行为人的行为性质有决定意义以及对量刑有重大影响的事实、情节等。本案中，如果认可李吉林关于被害人先捅其两刀的供述，则意味着李吉林的行为性质由故意杀人转为带有防卫性质的行为，由有预谋的恶性杀人行为转为临时的应急行为，意味着刑法对李吉林行为性质及主观恶性的评价将发生重大变化。而且，李吉林的翻供如果成立，意味着必然认定本案被害人在案件发生过程中存在严重过错，如此必然会对李吉林刑事责任大小的评价产生重大影响。因此，李吉林关于被害人先捅其两刀的供述，是对影响其定罪量刑的重要情节的翻供，应当认定为对案件主要犯罪事实的翻供。由于李吉林在侦查阶段后期推翻了其之前已经供认的故意杀人行为的主要犯罪事实,且在一审判决前仍然坚持该翻供,故不能认定其如实交代了主要犯罪事实,从而不能认定其行为构成自首。

(三)李吉林的行为可视为自动投案,但与单纯为了接受审判或意图减轻犯罪后果的自动投案有所区别

根据《最高人民法院关于处理自首和立功具体应用法律若干问题的解释》第一条第一项的规定,“犯罪嫌疑人因病、伤或者为了减轻犯罪后果,委托他人代为投案,或者先以信电投案的”,应当视为自动投案。也就是说,犯罪嫌疑人首先要有投案的动机,但因有病、有伤的身体原因不能前去投案,而委托他人或者以信、电投案,才能认定为自动投案。

本案中,李吉林是因为先后用刀剖腹、割腕、割喉等方法自杀未果,因疼痛难忍,才用手机拨打“110”报警。李吉林供述以及对其供述的同步录音和电视台采访录像,均可证实李吉林打电话报警的真实想法:“杀了肖某后,想自杀,就用刀在自己的肚子上猛划了两刀,肠子都流出来了,还呕吐了,但没死;就又用刀朝左手腕划了几下,也没死,又用刀割自己的喉咙,然后割右手腕,最后还是没有死成。其间,还爬到窗台上想跳楼自杀。之后,因疼痛难忍,就用自己的手机拨打了‘110’报警。民警来了后,就送到了医院。”由于李吉林拨打“110”报警时其对被害人已经痛下杀手,其自动投案对于救治被害人已无任何意义。因此,李吉林自动投案与单纯为了接受审判或意图减轻犯罪后果的自动投案有所区别。此外,李吉林当时身受重伤,即使其不打“110”报警,亦难以逃跑,只有等待死亡或者被发现并被抓获两种选择,其自动投案对于节约司法成本并无实际意义。

综上,被告人李吉林故意杀人的犯罪手段极其残忍,犯罪后果和罪行极其严重。李吉林虽有意图杀死女友后殉情的情节,但与那些因感情纠葛、女方有过错或者同女方相约自杀的案件

存在一定区别。李吉林对主要犯罪事实翻供,其行为不成立自首,且在审判阶段仍然坚持其翻供内容,认罪态度不好,无任何从轻处罚情节,加之本案民愤极大,依法应当判处其死刑立即执行。

(撰稿:最高人民法院刑二庭　刘妙香　牛克乾　王玉琦
审编:最高人民法院刑二庭　苗有水)

[第706号]

王奕发、刘演平敲诈勒索案

——“协助司法机关抓捕其他犯罪嫌疑人”立功情节的具体认定

一、基本案情

被告人王奕发,男,1971年7月26日出生,无业。因涉嫌犯敲诈勒索罪于2009年2月21日被逮捕。

被告人刘演平,男,1976年7月22日出生,无业。因涉嫌犯敲诈勒索罪于2009年3月28日被逮捕。

广东省深圳市福田区人民检察院以被告人王奕发、刘演平犯敲诈勒索罪,向深圳市福田区人民法院提起公诉。

深圳市福田区人民法院经公开审理查明:2009年2月初,被告人王奕发、刘演平商定到深圳的各出入境口岸,合伙从携带走私货物、物品入境的“水客”身上搞钱,由曾经做过“水客”的王奕发指认疑似走私客给刘演平,尔后刘演平上前以报警相威胁索要钱物。2009年2月10日19时许,王奕发、刘演平前往深圳市福田区皇岗口岸天桥附近,刘演平将被害人郑某某拉入附近公共厕所,要挟郑某某交出随身走私的货物6大包(内有2G数码相机内存卡共840张,经鉴定价格总计人民币(以下币种均为人民币)21 000元)。随后,王奕发、刘演平来到福田区华强北商业街,以每张21元的价格将勒索的内存卡卖掉,获款共计17 640元。刘演平分得赃款7 000余元，其余赃款为王奕发所得。2009 年 2 月 19 日 19 时许，刘演平在深圳火车站罗湖口岸附近欲故伎重演时被被害人郑某某认出并报警抓获。刘演平归案后交代了同案犯王奕发的联系电话，表示愿意配合公安机关抓捕王奕发。刘演平按照公安机关的安排拨打电话联系上王奕发，假意约定次日去深圳市龙岗区布吉镇百盛茶餐厅商量再次作案。之后，公安机关在刘演平的指认下抓获了前来赴约的王奕发。

深圳市福田区人民法院认为，被告人王奕发、刘演平无视国家法律，以非法占有为目的，以报警处理走私行为相要挟，索取他人财物，数额较大，其行为均已构成敲诈勒索罪，公诉机关指控罪名成立。刘演平归案后协助公安机关抓获同案犯，有立功表现，依法可以从轻处罚。鉴于二被告人能当庭供述基本犯罪事实，认罪态度较好，有一定的悔罪表现，可以酌情从轻处罚。综合被告人的犯罪事实、情节以及社会危害性，依照《中华人民共和国刑法》第二百七十四条、第六十八条第一款、第二十五条的规定，判决如下：

被告人王奕发犯敲诈勒索罪，判处有期徒刑二年二个月。

被告人刘演平犯敲诈勒索罪，判处有期徒刑一年十个月。

一审宣判后，被告人王奕发上诉提出其没有参与敲诈勒索，原审量刑过重，请求改判。

广东省深圳市中级人民法院经审理认为，王奕发、刘演平以非法占有为目的，以报警处理相要挟，索取被害人财物，数额较大，其行为均已构成敲诈勒索罪。刘演平归案后协助公安机关抓获王奕发，构成立功，依法可以从轻处罚。鉴于二人能供述基本犯罪事实，认罪态度较好，有一定的悔罪表现，可酌情从轻处罚。原判认定事实清楚，证据确实、充分，定罪准确，量刑适当，适用法律正确，程序合法，依法应当予以维持。依照《中华人民共和国刑事诉讼法》第一百八十九条第一项的规定，裁定驳回上诉，维持原判。

二、主要问题

被告人打电话约出同案犯,并为公安机关抓捕进行指认的,是否属于"协助司法机关抓捕其他犯罪嫌疑人"?

三、裁判理由

立功是我国刑法的一项重要的刑罚裁量制度。对具有立功情节的被告人依法给予从轻、减轻或者免除处罚,已经成为当前司法实践中落实宽严相济刑事政策的重要方面。我国刑法规定立功制度,并将其作为法定从宽处罚情节,有利于实现刑罚预防犯罪、惩罚犯罪的目的,有利于节约司法资源,也有利于实现刑罚的教育目的;同时,被告人具有立功表现往往也是被告人及其辩护人请求从宽处罚的辩护理由,对于死刑案件被告人而言,更是关乎被告人生与死的重要砝码。由于我国刑法第六十八条"犯罪分子有揭发他人犯罪行为,查证属实的,或者提供重要线索,从而得以侦破其他案件等立功表现"的规定,对构成立功的情形列举有限,给司法认定带来一定的困难。

为正确执行刑法所规定的立功制度,最高人民法院于1998年5月9日起公布施行了《最高人民法院关于处理自首和立功具体应用法律若干问题的解释》(以下简称《解释》),并于2010年12月22日发布了《最高人民法院关于处理自首和立功若干具体问题的意见》(以下简称《意见》)。这两个规定逐步明确了立功的构成条件、对量刑的具体影响,将实际存在的各种立功情形具体化、规范化,进一步统一了对于立功的认识和量刑的把握,有力地指导了审判实践。

协助公安机关抓获同案犯是常见的立功情形之一。《解释》第五条规定的"协助司法机关抓捕其他犯罪嫌疑人(包括同案犯)的",属于刑法第六十八条第一款规定的"犯罪分子到案后有检举、揭发他人犯罪行为",应当认定为有立功表现。该条规定明确了犯罪分子协助抓捕同案犯的也构成立功。由于社会生活的复杂性，个案情况千差万别，实践中如何认定“协助司法机关抓捕其他犯罪嫌疑人”仍然存在争议，也造成了处理上的不尽统一。为此，《意见》第五条第一款进一步明确了犯罪分子具有下列行为之一，使司法机关抓获其他犯罪嫌疑人的，属于《解释》第五条规定的“协助司法机关抓捕其他犯罪嫌疑人”：(1)按照司法机关的安排，以打电话、发信息等方式将其他犯罪嫌疑人(包括同案犯)约至指定地点的；(2)按照司法机关的安排，当场指认、辨认其他犯罪嫌疑人(包括同案犯)的；(3)带领侦查人员抓获其他犯罪嫌疑人(包括同案犯)的；(4)提供司法机关尚未掌握的其他案件犯罪嫌疑人的联络方式、藏匿地址的，等等。同时，《意见》第五条第二款又厘定了不属于“协助司法机关抓捕其他犯罪嫌疑人”的情形，即犯罪分子提供同案犯姓名、住址、体貌特征等基本情况，或者提供犯罪前、犯罪中掌握、使用的同案犯联络方式、藏匿地址，司法机关据此抓捕同案犯的。

就本案而言，被告人刘演平归案后经过公安机关法制教育，交代了同案犯王奕发的联系电话，表示愿意配合公安机关抓捕王奕发，并按照公安机关的安排拨打电话联系上王奕发，假意约定去百盛茶餐厅商量再次作案。之后，公安机关在刘演平的指认下抓获了赴约的王奕发。被告人刘演平的上述行为同时符合《意见》第五条规定的第一种情形和第二种情形，应当认定为“协助司法机关抓捕其他犯罪嫌疑人”。本案是比较典型的立功案例，由于被告人刘演平的协助、配合行为，使司法机关更容易抓获其他同案犯，有效降低了抓捕的成本，提高了抓捕的效率，有利于及时惩罚犯罪，因此，判决认定刘演平构成立功(一般立功)是正确的。

需要注意的是，如果被告人只是提供了同案犯的姓名、住址、体貌特征等基本情况，或者提供了其与同案犯用于联系作案的电话号码、谋议地点，而没有当场辨认、指认同案犯，或者没有按照司法机关的安排将同案犯约至指定地点，或者没有带领侦查人员抓获同案犯的,按照《意见》第五条第二款的规定,是不能认定为“协助司法机关抓捕同案犯”的。例如,被告人杨某某、常某某共同实施抢劫后,逃离现场至外地躲藏。由于二人经济拮据,经商议决定由常某某先回家乡筹措钱款,再将钱寄给杨某某。常某某在回家途中被公安机关在火车上抓获,常某某向公安机关提供了杨某某的联系方式,由于杨某某本人没有手机,常某某所提供的是与杨某某共同躲藏时杨某某所使用的其女朋友的手机号码。后公安机关根据该手机号码,使用技术侦查手段抓获了仍在外地躲藏的杨某某。本案中常某某提供了同案犯的联络电话,公安机关也据此抓获了同案犯,常某某的行为能否认定为“协助司法机关抓捕其他犯罪嫌疑人”?笔者认为,根据《意见》第五条第二款的规定,常某某的行为不能认定为“协助司法机关抓捕其他犯罪嫌疑人”。因为常某某提供的联络电话是犯罪过程中所掌握、使用的同案犯联络方式,属于其应当如实供述的犯罪事实的内容。司法机关虽然根据该联络方式抓获了同案犯,但既不是通过常某某指认、带领抓获的,也不是在常某某与同案犯约好了见面地点后抓获的,而是通过技术手段抓获的。因此,常某某的行为不符合《意见》第五条所列举的“协助司法机关抓捕其他犯罪嫌疑人”的四种情形。当然,常某某如实供述其在犯罪过程中与同案犯杨某某的联系方式,对公安机关及时抓获杨某某所起的作用是不可否认的,可以根据“坦白从宽”的刑事政策,对常某某酌情从轻处罚。

(撰稿:最高人民法院刑四庭　杨　华
广东省深圳市中级人民法院　姜君伟
审编:最高人民法院刑四庭　陆建红)

［第 707 号］

沈同贵受贿案

——阻止他人犯罪活动，他人因未达刑事责任年龄而未被追究刑事责任的，行为人的阻止行为仍构成立功

一、基本案情

被告人沈同贵，男，1953 年 11 月 6 日出生，原系南京市园林工程管理处处长兼南京市园林工程安全质量监督站站长。因涉嫌犯受贿罪于 2008 年 12 月 8 日被逮捕，2009 年 3 月 25 日、6 月 2 日，2010 年 6 月 7 日分别被取保候审。

南京市玄武区人民检察院以被告人沈同贵犯受贿罪，向南京市玄武区人民法院提起公诉。

南京市玄武区人民法院经公开审理查明：

2003 年 5 月至 2008 年春节前，被告人沈同贵利用其负责南京市园林工程管理的职务之便，先后多次收受南京春燕园林实业有限公司万成兴、南京大源园林建设有限公司钟培金、南京锦江园林景观有限公司袁循绳等南京市多家园林工程公司负责人给予的好处费共计折合人民币(以下币种均为人民币)260 077.2 元。案发后，被告人沈同贵退出赃款 21 万元。

上述事实，除收受万成兴给予的钱款系纪检监察机关已掌握的事实外，其余事实均系纪检监察机关尚未掌握由被告人沈同贵

主动交代的。

南京市玄武区人民法院认为,被告人沈同贵身为国家工作人员,利用职务上的便利,收受他人贿赂,为他人谋取利益,其行为已构成受贿罪。被告人沈同贵归案后,能主动交代纪检监察机关及司法机关尚未掌握的其他同种较重罪行,依法应当从轻处罚。故依法判决:

1. 被告人沈同贵犯受贿罪,判处有期徒刑十年,没收财产人民币十万元。

2. 退缴的赃款人民币二十一万元,予以没收;尚未退缴的赃款,予以追缴。

一审宣判后,被告人沈同贵提出上诉,其上诉理由是:(1)与万成兴是顾问关系,收取的只是顾问费;(2)没有收受钟培金的钱;(3)与行贿人有人情往来,也曾给他们钱。

其辩护人提出,(1)二审期间上诉人沈同贵阻止他人犯罪,构成立功;(2)一审庭审中,辩护人向法庭提交了其向王立平等证人所作的调查笔录,一审法院仅以证人没有作出合理解释为由采纳了对上诉人不利的证言,过于牵强;(3)认定的受贿款数额应扣除沈同贵合法的劳务报酬;(4)认定部分受贿款的证据不足;(5)一审期间上诉人沈同贵检举揭发的事实未能查实,在二审期间应继续查证。

南京市人民检察院的审查意见是:建议维持对沈同贵的定罪,同时应认定沈同贵阻止他人犯罪,具有立功情节。

南京市中级人民法院经审理查明,在二审审理期间,被取保候审的上诉人沈同贵于2010年7月3日10时许,在南京市和燕路红山动物园地铁站路口,将正在盗窃被害人陈燕舞钱包(内有现金9 800元)的犯罪嫌疑人阿某(2000年出生)当场抓获,被盗钱包已返还被害人。后因阿某未达到刑事责任年龄,公安机关未刑事立案。

南京市中级人民法院审理认为,上诉人沈同贵作为国家工作人员,利用职务上的便利,收受他人贿赂,为他人谋取利益,其行为已构成受贿罪。鉴于沈同贵阻止他人犯罪,具有立功表现,依法对其减轻处罚。依照《中华人民共和国刑法》第九十三条第二款、第三百八十五条第一款、第三百八十六条、第三百八十三条第一款第一项、第五十九条、第六十四条,《最高人民法院关于处理自首和立功具体应用法律若干问题的解释》第四条、第五条及《中华人民共和国刑事诉讼法》第一百八十九条第三项的规定,判决如下:

1. 维持南京市玄武区人民法院(2009)玄刑初字第301号刑事判决的第二项,即退缴的赃款人民币二十一万元予以没收,尚未退缴的赃款予以追缴;

2. 撤销南京市玄武区人民法院(2009)玄刑初字第301号刑事判决的第一项,即被告人沈同贵犯受贿罪判处有期徒刑十年,没收财产人民币十万元;

3. 上诉人(原审被告人)沈同贵犯受贿罪判处有期徒刑九年,没收财产人民币十万元。

二、主要问题

阻止他人犯罪活动,但因他人未达到刑事责任年龄而未追究刑事责任的,行为人的阻止行为是否构成立功?

三、裁判理由

刑法第六十八条第一款规定,犯罪分子有揭发他人犯罪行为,查证属实的,或者提供重要线索,从而得以侦破其他案件等立功表现的,可以从轻或者减轻处罚。1998年颁布的《最高人民法院关于处理自首和立功具体应用法律若干问题的解释》(以下简称《解释》)第五条规定,阻止他人犯罪活动,应当认定为有立功表现。

本案审理中,对于被告人沈同贵的受贿犯罪事实及行为定性均无分歧,争议在于沈同贵阻止未达到刑事责任年龄的阿某的盗窃行为,是否成立《解释》第五条规定的"阻止他人犯罪活动"立功。一种观点认为,因盗窃行为人未达到刑事责任年龄,公安机关未当作刑事案件处理,既然该行为不构成犯罪,也就不成立"阻止他人犯罪活动",因此,不能认定为立功;另一种观点认为,此处的"他人犯罪活动"不要求构成犯罪,因此,不应以司法机关处理结果为标准,只要他人的行为具有社会危害性并具备某种犯罪客观要件的外在表现形式,那么阻止该行为就可以认定为"阻止他人犯罪活动",因此,本案应认定为立功。

我们同意第二种观点。具体理由如下:

(一)"阻止他人犯罪活动"立功,并未要求"他人犯罪活动"实际上构成犯罪

第一,从词源本义来看。根据《现代汉语词典》的解释,"活动"作为名词是指"为达到某种目的而采取的行动"。"阻止他人犯罪活动"中的"犯罪活动"是作为名词使用的,从字义上来说,应是指为达到犯罪目的而采取的行动,而并不等同于犯罪。

第二,从立法用语来看。《解释》第五条对于"阻止他人犯罪活动"立功,明确表述为"他人犯罪活动"而非"他人犯罪"。虽然《解释》对什么是"犯罪活动"未作明确规定,但这种表述已经体现了立法的取向,即此处的"犯罪活动"并不等于实际的"犯罪",此与该词语本身的含义也是一致的。

第三,2010年实施的《最高人民法院关于处理自首和立功若干具体问题的意见》(以下简称《意见》),以列举的形式解释了检举、揭发或者协助抓获立功中如何认定他人"构成犯罪"。《意见》第六条第五款规定:"被告人检举、揭发或者协助抓获的人的行为构成犯罪,但因法定事由不追究刑事责任、不起诉、终止审理的,不影响对被告人立功表现的认定……"这里的"构成犯罪"应从形式上理解,是指行为具有社会危害性,具备了某种犯罪构成的客观要

件。至于该行为因主体不具备刑事责任能力而不追究刑事责任，或因情节显著轻微、已过追诉时效、被赦免、被告人死亡等原因而不立案、撤销案件、不起诉、终止审理或宣告无罪的，不影响对立功的认定。可见，《意见》深入贯彻了宽严相济刑事政策的精神，认定立功的条件更为宽泛，对犯罪分子“将功折罪”、回归社会的努力进一步予以肯定。

《意见》第六条虽只规定了检举、揭发或者协助抓获立功，但我们认为，司法实践中可以参照其规定，对“阻止他人犯罪活动”立功进行认定，理由如下：其一，从立法意图上考虑，“阻止他人犯罪活动”与“检举揭发他人犯罪行为”、“协助司法机关抓捕其他犯罪嫌疑人”是《解释》中并列的应认定为立功的几种情形之一，且《意见》本身对“他人犯罪活动”的表述即体现了与《解释》相一致的立法取向。其二，从功利主义的角度考虑，比起事后检举揭发犯罪的行为，当场阻止他人犯罪可以更及时有效地维护被侵害的法益，具备更大的价值。既然事后检举揭发犯罪成立立功的条件已更宽泛，“阻止他人犯罪活动”也理应予以进一步鼓励和保护。其三，从刑罚目的上考虑，当场阻止犯罪在很多情形下要承担较大的风险，体现了行为人较积极的悔罪态度。参照《意见》对于检举、揭发及协助抓获立功的规定，在符合立法意图的前提下，更加积极地肯定此行为，有助于促进行为人改造思想、消除犯罪意志，更好实现刑罚的特殊预防。

（二）“阻止他人犯罪活动”立功成立的要件

基于以上分析，我们认为《解释》第五条中的“阻止他人犯罪活动”，是指行为人以制止、规劝、告发等积极主动的行为，使他人的犯罪活动在客观上停止，使法益免遭侵害或得到有效保护。对此的理解，主要涉及以下几个方面：

第一，对于“犯罪活动”的理解。需要注意的是，《意见》第六条规定的检举、揭发立功以及协助抓获立功中，被检举人、被抓获人的行为均已实行终了,认为其行为在形式上构成犯罪是一种事后的评价,而阻止他人犯罪更多地发生在他人犯罪活动进行中,因此,不能完全套用。出于上述考虑,我们认为,“阻止他人犯罪活动”中的“犯罪活动”,是指具有社会危害性,具备某种犯罪构成客观要件的外在表现形式的行为。首先,此处的“活动”,应是外在表现符合某种犯罪客观要件的动静形态。这里的外在表现是否符合犯罪客观要件,应以社会一般人符合常理的判断为基础,如发现别人有争吵和轻微推搡即上前制止,在一般情况下争吵和轻微推搡行为不符合某种犯罪客观要件的外在表现,因此,也就称不上“犯罪活动”。此外,“犯罪活动”还要侵害刑法所保护的利益,具有社会危害性,如两名武术运动员演习刀枪对战,外在表现上似乎都是持凶器欲伤害对方身体,但由于属于正当业务行为而不具备社会危害性,因此,也不成立“犯罪行为”。其次,该“犯罪活动”不等同于“犯罪”,不要求该“犯罪活动”完全符合犯罪主客体和主客观构成要件,也不要求该行为的社会危害性必然达到刑事违法性和应受刑罚惩罚性的严重程度。如行为人在街上看见甲持刀追砍乙,其上前予以阻止,应认定符合“阻止他人犯罪活动”。至于甲主观上是否有杀人或伤害的故意,以及最终甲是否将乙砍死或砍成轻伤以上的伤害程度,均不影响甲的行为已经具备了故意杀人罪或故意伤害罪客观要件的外在表现形式。此时,根据甲的客观行为,并结合乙的人身正要遭受严重侵害的情境,可以判断出,甲正在实施故意杀人或故意伤害的犯罪活动。至于甲是否达到刑事责任年龄、是否为精神病人等其他构成要件能否全部符合,以及甲是否在之后因为情节显著轻微、已过追诉时效、被赦免、自首立功等原因而不追究刑事责任,均不影响认定甲的行为是“犯罪活动”。换言之,只要某人的行为具有社会危害性,且具备了某种犯罪的客观外在表现,即可认定其行为是“犯罪活动”。就本案而言,被告人沈同贵发现了阿某正在盗窃他人钱包遂予以制止,虽然最终司法机关对阿某的行为未追究刑事责任,但该行为侵害了被害人的财产利益,具有社会危害性,且客观上符合盗窃罪客观要件的外在表现形式,应认定为"阻止他人犯罪活动"立功中的"犯罪活动"。

第二,对"阻止"的理解。当场阻止犯罪活动一般情况下都要具备相应的风险,但我们认为"阻止"在行为方式上并不要求一定是有高度人身危险的激烈对抗,也可以是较为和缓的劝告、说服,或者是向司法机关告发等。此外,"阻止"不但要求有"阻"的行为,还要求有"止"的效果,即他人的犯罪活动停止,或者在特定时空内不再继续,或者法益受侵犯的状态或结果及时得到控制或消除。司法实践中,若行为人虽然积极拦阻他人犯罪活动,但因势单力孤或意外事件等原因而未产生使犯罪活动在客观上停止的实际效果,那么就不能认定为立功。当然,尽管此情形不构成立功,但行为人实施此行为反映了其悔罪态度,表明其人身危险性、再犯可能性相对降低,在实际量刑中可结合行为人在阻止犯罪活动中的介入程度、作用大小等具体情形,将其作为从轻处罚的酌定情节,以此体现国家和社会对这种积极行为的肯定及鼓励,从而更好地贯彻宽严相济刑事政策。

第三,对"他人"的理解。这里的"他人"既包括自然人,也包括单位。对于其中的自然人,不受犯罪主体中刑事责任能力的限制,包括由于年龄、精神状态等原因而无刑事责任能力或限制刑事责任能力的人。本案中被沈同贵抓获的进行盗窃活动的阿某,即包括在内。对于是否包括同案犯,理论界看法不一,我们认为,如果阻止的是与被阻止人共同犯罪之外的其他犯罪活动,应当视为立功;如果是在共同犯罪中阻止共犯犯罪,在我国刑法中这属于共同犯罪形态的问题,不属于立功适用的范畴。

第四,"他人犯罪活动"必须与阻止行为之间具备因果关系,即必须是因为阻止行为的介入,犯罪活动才得以停止。

第五,"阻止他人犯罪活动"必须是在当场,有特定的时间、空间的限制。这里的"当场",可以理解为行为人进行犯罪预备的现场、实施犯罪活动的现场以及当即被追捕过程中的现场。对此的理解主要涉及两个方面:其一,犯罪活动被阻止大多发生在犯罪实行中,合法权益被侵害的紧迫性较高,但在紧迫性未必很高的犯罪预备时即予以制止,依然可以成立"阻止他人犯罪活动";其二,若受侵害的事实已发生,但是实施犯罪活动的人尚未脱离特定时空,存在及时维护受侵害法益或使其免受进一步侵害的可能性,亦可成立"阻止他人犯罪活动"。如行为人发现甲偷了乙的手机并欲逃离,遂将甲当场抓获并归还了乙的手机,此处手机实际上已经离开了乙的控制,但甲尚未脱离特定时空即被抓获,不影响"阻止他人犯罪活动"的成立。若他人犯罪活动已经实行终了并已离开现场,行为人在之后进行检举、揭发或抓获嫌疑人的,则可能分别成立检举、揭发他人犯罪活动立功或协助司法机关抓捕其他犯罪嫌疑人立功。

(三)本案沈同贵抓获盗窃行为人,应认定为"阻止他人犯罪活动"立功

通过以上分析,虽然《解释》和《意见》未对"阻止他人犯罪活动"立功的要件予以具体规定,但上述特点是该类型立功的应有之义,也是据以认定的主要依据。本案中,被告人沈同贵在取保候审期间,制止窃取他人钱包的阿某的盗窃活动,之后因阿某未达到刑事责任年龄,公安机关未作为刑事案件处理。阿某虽不符合犯罪主体的成立要件,但其可以成为"阻止他人犯罪行为"立功中"犯罪行为"的主体;阿某盗窃他人钱包的行为,符合盗窃罪客观要件的外在表现形式,被盗钱包内有现金人民币9 800元,已达到了盗窃罪的追诉标准,且数额巨大,是具备社会危害性且客观上侵害了刑法所保护利益的行为,属于"阻止他人犯罪活动"立功中"犯罪活动"的范畴;沈同贵对阿某的盗窃活动当场予以制止,使

被害人的财产利益免受侵害。综上所述,将沈同贵的行为认定为立功是正确的。

(撰稿:最高人民法院刑一庭　渠　帆
江苏省南京市中级人民法院　洪　彦
审编:最高人民法院刑一庭　薛淑兰)

[第708号]

霍海龙等虚开用于抵扣税款发票案

——劝说、陪同同案犯自首的,可认定为立功

一、基本案情

被告人霍海龙,男,1975年11月4日生,系上海松弈实业有限公司法定代表人兼实际经营者。因涉嫌虚开用于抵扣税款发票罪于2009年9月28日被取保候审。

被告人乔凤龙,男,1979年6月7日生,无业。因涉嫌虚开用于抵扣税款发票罪于2009年9月28日被取保候审。

被告人章荣华,男,1981年1月11日生,系上海汇众汽车销售服务有限公司业务经理。因涉嫌虚开用于抵扣税款发票罪于2009年10月13日被取保候审。

上海市金山区人民检察院以被告人霍海龙、乔凤龙、章荣华犯虚开用于抵扣税款发票罪,向上海市金山区人民法院提起公诉。

被告人霍海龙、乔凤龙、章荣华对起诉书指控的事实及罪名没有异议。被告人霍海龙的辩护人认为霍海龙具有自首和立功情节,建议法庭对其减轻处罚并适用缓刑。

上海市金山区人民法院经公开审理查明:

2007年至2008年期间,被告人霍海龙为骗取国家税款,在无实际货物交易的情况下,通过被告人乔凤龙、章荣华介绍,以支付开票费方式,让他人为自己虚开海关进口增值税专用缴款书三份,

涉及税款合计人民币(以下币种均为人民币)156 230.38 元,并已全部向税务机关申报抵扣。其中,乔凤龙为霍海龙介绍虚开三份,涉及税款合计 156 230.38 元;章荣华为霍海龙介绍虚开一份,涉及税款 26 248.29 元。

2009 年 9 月 24 日,被告人霍海龙、乔凤龙至公安机关投案;同月 28 日,二人被取保候审;2009 年 10 月 13 日,被告人章荣华经过被告人霍海龙劝说并在其陪同下至公安机关投案,被告人霍海龙、乔凤龙、章荣华到案后均如实交代了上述事实。

上海市金山区人民法院认为,被告人霍海龙让他人为自己虚开用于抵扣税款发票,致使国家税款被骗取 156 230.38 元;被告人乔凤龙、章荣华介绍他人虚开用于抵扣税款发票,分别致使国家税款被骗取 156 230.38 元、26 248.29 元,三被告人的行为均已构成虚开用于抵扣税款发票罪,且霍海龙、乔凤龙属有其他严重情节。霍海龙、乔凤龙、章荣华犯罪以后自动投案,并如实供述自己的罪行,系自首,可以从轻或者减轻处罚。霍海龙到案后,陪同章荣华向公安机关投案,具有其他有利于国家和社会的突出表现,系有立功表现,可以从轻或者减轻处罚。结合霍海龙、乔凤龙、章荣华认罪态度较好且有悔罪表现,对霍海龙、乔凤龙减轻处罚并适用缓刑,对章荣华从轻处罚并适用缓刑。依照《中华人民共和国刑法》第二百零五条第一款、第四款、第六十七条第一款、第六十八条第一款、第七十二条,《最高人民法院关于处理自首和立功具体应用法律若干问题的解释》第五条之规定,判决如下:

1. 被告人霍海龙犯虚开用于抵扣税款发票罪,判处有期徒刑二年六个月,缓刑三年,并处罚金人民币五万元。

2. 被告人乔凤龙犯虚开用于抵扣税款发票罪,判处有期徒刑二年六个月,缓刑三年,并处罚金人民币五万元。

3. 被告人章荣华犯虚开用于抵扣税款发票罪,判处拘役六个月,缓刑六个月,并处罚金人民币二万元。

一审宣判后,三被告人未上诉,检察院未抗诉。

二、主要问题

1. 劝说、陪同同案犯自首是否可认定为立功表现?

2. 如果可认定为立功,则其应当属于《最高人民法院关于处理自首和立功具体应用法律若干问题的解释》中五种立功情形中的哪一种情形?

三、裁判理由

《最高人民法院关于处理自首和立功具体应用法律若干问题的解释》第五条规定:"根据刑法第六十八条第一款的规定,犯罪分子到案后有检举、揭发他人犯罪行为,包括共同犯罪案件中的犯罪分子揭发同案犯共同犯罪以外的其他犯罪,经查证属实;提供侦破其他案件的重要线索,经查证属实;阻止他人犯罪活动;协助司法机关抓捕其他犯罪嫌疑人(包括同案犯);具有其他有利于国家和社会的突出表现的,应当认定为有立功表现。"

该司法解释规定了五种立功情形,前四种情形属于列举性规定,是实践中最为常见的几种立功情况,第五种情形属于兜底性规定,囊括除上述四种情况之外其他可认定为立功的有利于社会、国家的行为。本案中,被告人霍海龙劝说并陪同同案犯自首的行为未包括在前四种立功情形之中,但属于具有其他有利于国家和社会的突出表现的,可认定其属于刑法上的立功。具体理由如下:

(一)认定劝说、陪同同案犯自首为立功表现符合立功的立法本意

刑法设立立功制度,并对有立功表现的行为人给予从轻甚至减轻的刑罚优遇,其实质根据有两点:一是从法律上说,行为人在犯罪后揭发他人犯罪行为,或者提供重要线索,从而得以侦破其他案件,表明行为人对犯罪行为价值的否定,因而其再犯可能性会有所减小,利用刑罚对其进行个别预防的需要减弱。二是从政策上说,对揭发他人犯罪行为,或者提供重要线索等行为,给予刑罚上

的从轻，有利于鼓励行为人犯罪之后揭发他人犯罪、阻止他人犯罪、协助司法机关抓获其他犯罪嫌疑人等，有利于预防新的犯罪或司法机关及时发现、侦破已经发生的犯罪案件。

本案中，被告人劝说与陪同同案犯自首的行为，体现了行为人对自己行为的认罪、悔罪态度，从其人身危险性而言是减小了；并且该行为又具有社会有益性，有利于司法机关及时发现、侦破犯罪案件，刑法规范的效力也得到了确证。因此，从立法本意而言，劝说、陪同同案犯自首的行为应认定为立功表现。

（二）劝说、陪同同案犯自首相比“协助司法机关抓捕其他犯罪嫌疑人（包括同案犯）”更具有效性

司法解释中明确规定“协助司法机关抓捕其他犯罪嫌疑人（包括同案犯）”为立功表现，而劝说、陪同同案犯自首的行为与该行为相比，明显经济效果更好。因为就共同犯罪而言，行为人在协助司法机关抓捕同案犯后，可能会出现同案犯拒不认罪、抵赖、推脱等情形，从而加大查证的难度，增加办案的司法成本。而劝说、陪同同案犯自首，既省去了抓捕的环节，又可以较快地查明犯罪事实，这种情形显然比协助司法机关抓捕其他犯罪嫌疑人更节省司法资源，更提高办案效率，更符合立功的精神，因此，当然应认定为立功。

（三）法律适用上应适用“具有其他有利于国家和社会的突出表现的”规定

《最高人民法院关于处理自首和立功具体应用法律若干问题的解释》第五条规定的第五种立功情形是“具有其他有利于国家和社会的突出表现的”，该规定具有一般性规定与兜底性规定的双重特征。其一般性规定在于其概括了立功的本质，说明立功是有利于国家和社会的突出表现；其兜底性规定在于其具有堵漏性的特点，意在将该司法解释没有穷尽的立功表现情形规定到该种情形中。当然，该种情形的把握应当是严格的，是具有一定条件的，即该行为必须是有利于国家和社会的“突出表现”。本案中，

被告人劝说、陪同同案犯自首的行为是有利于国家和社会的，这是毋庸置疑的。关键是该行为是否为“突出表现”，通过比较劝说、陪同同案犯自首的行为与该司法解释其他立功表现情形，特别是协助司法机关抓捕其他犯罪嫌疑人（包括同案犯），劝说、陪同同案犯自首的情况，更加有利于司法机关对已经发生的犯罪的惩罚，也更有利于司法资源的节约，因此，理应认为是具有“突出表现的”。故而，对劝说、陪同同案犯自首的行为，认定其属于司法解释中“具有其他有利于国家和社会的突出表现的”的情形，构成刑法上的立功表现。

相反，主张劝说、陪同同案犯自首属于“协助司法机关抓捕其他犯罪嫌疑人（包括同案犯）”的见解，将会在被劝说、被陪同同案犯的处理上面临严重的逻辑矛盾。因为劝说、陪同同案犯自首不仅仅涉及劝说者与陪同者的量刑情节的认定，即劝说者、陪同者是否构成立功表现，还涉及被劝说者与被陪同者即同案犯的量刑情节的认定。因为同案犯在行为人劝说、陪同下到公安机关投案自首，依法应构成自首，如果对行为人适用了“协助司法机关抓捕其他犯罪嫌疑人（包括同案犯）”的规定，则一方面是行为人协助司法机关抓捕同案犯，而另一方面是同案犯到司法机关进行自首，这显然存在逻辑上的矛盾。

综上，本案中被告人霍海龙劝说、陪同同案犯自首的行为应认定为立功表现，而且属于《最高人民法院关于处理自首和立功具体应用法律若干问题的解释》中的第五种立功情形，即“具有其他有利于国家、社会的突出表现”的情形。

（撰稿：上海市高级人民法院　王海涛
上海市金山区人民法院　舒平锋
审编：最高人民法院刑一庭　薛淑兰）

[第709号]

吴江、李晓光挪用公款案

——职务犯罪中自首及协助抓捕型重大立功的认定

一、基本案情

被告人吴江,男,1963年10月24日出生,原任中国农业银行天津新技术产业园区支行双峰道分理处主任兼国际部经理,2009年2月6日因本案被刑事拘留,2009年3月16日被逮捕。

被告人李晓光,女,1972年12月21日出生,原任中国农业银行华苑软件大厦支行行长。2009年2月6日因本案被刑事拘留,3月16日被逮捕,2009年5月11日被取保候审,12月25日再次被逮捕,2010年2月24日被取保候审。

天津市人民检察院第一分院以被告人吴江、李晓光犯贪污罪,向天津市第一中级人民法院提起公诉。被告人吴江、李晓光均对指控的罪名提出异议,并请求法庭对其从轻处罚。

天津市第一中级人民法院经审理查明:

被告人吴江自1996年3月至2003年7月间,曾任中国农业银行天津新技术产业园区支行(以下简称园区支行)外汇代理部主任、国际业务部经理等职务,任职期间均主管国际业务工作。被告人李晓光自2004年1月任园区支行国际业务部经理。1996年12月至2004年年初,吴江单独或伙同李晓光,利用职务之便,挪用公款人民币(以下币种均为人民币)970余万元归个人使用,部

分借贷他人用于经营活动,具体事实分述如下:

1. 1996年12月31日,吴江利用职务便利,将本单位公款16.6152万元划入张庆桥经营的天津三友轻工食品有限公司(以下简称三友公司)的银行账户,以个人名义借给张庆桥使用,张庆桥未予归还。

2. 1998年4月30日,吴江利用职务便利,将本单位公款330.628万元划入其父为负责人、由其本人实际控制的天津市龙城商贸中心的银行账户。后吴江将挪用公款中的165万元划入张庆桥经营的三友公司、天津市兴友食品加工厂的银行账户,以个人名义借给张庆桥经营使用,张庆桥未予归还;将挪用公款中的50万元偿还其个人向天津东禾电脑公司的借款;将挪用公款中的110万元划入张友隣经营的天津市开发区桦栋实业发展有限公司(以下简称桦栋公司)账户,以个人名义将公款借给该公司经营使用。后桦栋公司将110万元归还给吴江,吴江未将该款归还单位。

3. 1998年年底,吴江介绍北京海王商贸公司天津汽车销售分公司(以下简称海王公司)借给天津皓月商贸公司(以下简称皓月公司)500万元,皓月公司在约定的还款日期未能归还借款,海王公司找吴江追要。1999年3月30日,吴江挪用单位公款500万元帮皓月公司偿还了海王公司的借款。其后,吴江向皓月公司追偿,皓月公司将一批海产品交给吴江,吴江将海产品变卖得款120余万元,所得款项仍用于个人使用。

4. 2003年7月,吴江因故被免职。2003年12月,吴江向张友隣经营的桦栋公司和天津市日立广日电梯销售服务公司借款125万元,用于个人使用。为归还张友隣的借款,2004年年初,吴江与接替其职务的李晓光共同预谋后,由李晓光将单位公款123.969万元划入张友隣提供的天津市路华汽车销售有限公司银行账户,用于偿还吴江向张友隣的借款。

2007年6月，因中国农业银行天津市分行与下属支行间建立电子对账系统，吴江、李晓光为掩饰挪用公款970余万元的事实，制作了金额为120万美元的虚假信用证材料，在银行账目上做了虚假信用证贴现贷款记录。

另查明，2009年2月，园区支行在业务检查中发现该笔金额为120万美元的外汇贴现业务手续资料不齐，经询问当时的业务负责人李晓光，李晓光承认是自己制作的虚假信用证贴现记录，用于掩盖原国际业务部经理吴江挪用公款的事实。园区支行报案后，李晓光通过电话指引侦查机关将吴江抓获归案。李晓光到案后，进一步交代了其参与挪用部分公款的犯罪事实。此外，李晓光被羁押期间，在亲属的协助下向司法机关退缴了自己参与挪用的123.969万元公款。

天津市第一中级人民法院认为，吴江、李晓光身为国家工作人员，利用职务上的便利，单独或结伙，以虚假结汇的手段挪用公款，用于个人使用，超过三个月未予归还。公诉机关指控吴江、李晓光犯罪的事实清楚、证据充分，予以确认。依照法律规定，吴江、李晓光的行为均已构成挪用公款罪；吴江挪用公款数额巨大且不退还，依法应予以处罚；李晓光挪用公款数额巨大，亦应依法予以惩处。吴江在共同犯罪中起主要作用，系主犯，应按照其参与的全部犯罪予以处罚。李晓光在共同犯罪中起次要作用，系从犯，且主动向单位领导交代自己的犯罪事实，符合自首的构成要件，应认定为自首；其归案后能协助侦查机关抓获被告人吴江，具有重大立功表现，并主动退回全部赃款。综合上述情节，应当依法对被告人李晓光减轻处罚。依照《中华人民共和国刑法》第三百八十四条第一款，第二十五条第一款，第二十六条第一款、第四款，第二十七条，第五十七条第二款，第六十四条，第六十七条第一款，第六十八条，第七十二条，第七十三条以及《最高人民法院关于处理自首和立功具体应用法律若干问题的解释》第一条、第三条、第五条、第七条之规定，于 2010 年 6 月 25 日作出一审判决：以挪用公款罪判处被告人吴江无期徒刑，剥夺政治权利终身；以挪用公款罪判处被告人李晓光有期徒刑三年，缓刑五年；被告人李晓光退缴的公款 123.969 万元人民币，依法发还中国农业银行天津市新技术产业园区支行；继续追缴被告人吴江挪用公款余额部分。

一审宣判后，天津市人民检察院第一分院以一审判决对吴江、李晓光定罪不准及不应认定李晓光自首、重大立功等为由提出抗诉，吴江以一审判决对其量刑过重为由提出上诉。

天津市高级人民法院经公开审理认为，原审法院认定的犯罪事实清楚，证据确实、充分，定罪准确，量刑适当，审判程序合法。依照《中华人民共和国刑事诉讼法》第一百八十九条第一项之规定，于 2010 年 12 月 3 日作出终审裁定：

驳回上诉、抗诉，维持原判。

二、主要问题

在本案审理过程中，被告人李晓光是否具有自首和立功情节是控辩双方争议的焦点之一。控诉方认为李晓光不具有自首和立功情节，而辩护方则认为李晓光的行为构成自首和立功，最终审判机关认定李晓光的行为构成自首和重大立功。

职务犯罪案件的自首与立功情节的认定，具有不同于普通刑事犯罪案件的特点。因此，如何认定职务犯罪案件中的自首及重大立功情节涉及以下三个问题：

1. 在职务犯罪案件中，被告人何时投案可以认定为自动投案？

2. 在职务犯罪案件中，如何具体认定“协助抓捕其他犯罪嫌疑人”的重大立功？

3. 对职务犯罪案件中具有自首和重大立功情节的被告人如何进行量刑？

三、裁判理由

自首和立功是刑事司法实践中常用的两种量刑情节，刑法典用两个条文对自首和立功作了原则性规定。最高人民法院先后颁布了《最高人民法院关于处理自首和立功具体应用法律若干问题的解释》（以下简称《解释》）及《最高人民法院关于处理自首和立功若干具体问题的意见》（以下简称《意见》），增强了自首和立功量刑情节的可操作性。针对近年来职务犯罪案件出现的特点，最高人民法院还颁发了《关于办理职务犯罪案件认定自首、立功等量刑情节若干问题的意见》（以下简称《职务意见》），以实现自首与立功情节适用的实质公正。

（一）职务犯罪案件中，被告人须在纪律监察部门对其采取明确的调查措施前投案方能构成自动投案，在此前提下符合自首其他构成要件的，依法应认定为自首

自动投案和如实供述自己的罪行是构成自首的实质要件，职务犯罪中的自首认定同样应具备这两个实质要件。但是，由于职务犯罪的侦查具有不同于普通犯罪的特点，主要表现为一般具有纪律监察部门的前置性调查程序，因此，必须对这种前置性的调查程序予以实事求是的认定，以准确界定职务犯罪案件中自首的成立标准。

由于纪律监察部门的办案活动所采取的调查谈话、调查措施与司法机关的侦查措施在内容、目的、效果方面具有相似性，立足于自首主要反映被告人认罪悔罪及有利于司法机关侦破案件的制度特征和价值取向，最高人民法院在《职务意见》中规定："没有自动投案，在办案机关调查谈话、讯问、采取调查措施或者强制措施期间，犯罪分子如实交代办案机关掌握的线索所针对的事实的，不能认定为自首。"同时，《职务意见》对职务犯罪中的自动投案也予以了明确规定："犯罪事实或者犯罪分子未被办案机关掌握，或者虽被掌握，但犯罪分子尚未受到调查谈话、讯问，或者未被宣布采

取调查措施或者强制措施时,向办案机关投案的,是自动投案。”这里的办案机关包括纪检机关及刑事侦查机关等法定职能部门,如果犯罪分子在其犯罪事实未被司法机关掌握之前,向所在单位等办案机关以外的单位、组织或者有关负责人员投案的,应当视为自动投案。由此可见,审判机关对职务犯罪中构成自首的认定采取了严格标准。

本案中,报案材料、立案决定书、案件来源、抓获经过等相关书证显示,农业银行园区支行在业务检查中发现一笔外汇贴现业务手续资料不齐,被告人李晓光在法定职能部门尚未介入的情况下承认自己挪用公款的行为,此时其并没有被采取调查措施以及强制措施,反映出李晓光投案的主动性和自愿性,表明其自愿将自身置于国家控制之下,接受法律制裁,符合自动投案的要件特征。而李晓光的供述则表明,其自动投案后,如实供述了自己制作虚假的外汇贴现业务资料用于掩盖吴江挪用120万美元公款的犯罪事实,并对自己的主体身份情况也作了如实供述。李晓光到案后,又进一步交代了其参与挪用部分公款的犯罪事实,符合《解释》中规定的共同犯罪中主犯应当如实供述的犯罪事实范围。因此,被告人李晓光具备自首情节,法院认定其构成自首是正确的。

(二)对职务犯罪案件被告人“协助抓捕其他犯罪嫌疑人”的重大立功情节,法院需要根据司法解释规定的“协助抓捕”的本质特征,结合案件的具体情况实事求是地予以认定

在本案审理过程中,控辩双方对被告人李晓光是否构成重大立功产生了重大分歧。控诉方认为,在侦查机关立案侦查后,李晓光的行为性质属于如实供述共同犯罪事实;而辩护方则认为,李晓光的行为构成重大立功表现。因此,如何确定立功与如实供述犯罪事实的界限成为准确认定该量刑情节的关键。

立功制度是我国刑事法律中独具特色的法律制度,其设立宗旨在于分化、瓦解犯罪分子,通过犯罪分子的立功行为侦破案件、

惩罚犯罪,本质上属于一种功利性的刑罚制度。在共同犯罪中,司法机关已经掌握了共同犯罪的事实,同时,《刑事诉讼法》第九十三条要求犯罪嫌疑人履行如实回答侦查人员的提问的义务。在共同犯罪案件的侦查中,同案犯的基本情况,包括同案犯的姓名、住址、体貌特征、联络方式等是侦查人员的讯问内容之一,属于犯罪嫌疑人应如实回答的内容。犯罪嫌疑人提供同案犯的基本情况,仅仅是履行了应当承担的法律义务,而不是协助抓捕同案犯。因此,《意见》第五条规定,单纯向司法机关提供上述情况的,不能认定为协助司法机关抓捕同案犯,犯罪分子不构成立功。但是,如果犯罪分子根据司法机关的安排,采取各种有效方式将其他同案犯所处位置予以明确,从而使侦查机关抓获其同案犯的,该行为则超出了被告人应当供述的内容,应当认定为协助抓捕其他犯罪嫌疑人的立功表现。在《意见》中,协助抓捕其他犯罪嫌疑人分为四种具体情形,即(1)按照司法机关的安排,以打电话、发信息等方式将其他犯罪嫌疑人(包括同案犯)约至指定地点;(2)按照司法机关的安排,当场指认、辨认其他犯罪嫌疑人(包括同案犯);(3)带领侦查人员抓获其他犯罪嫌疑人(包括同案犯);(4)提供司法机关尚未掌握的其他案件犯罪嫌疑人的联络方式、藏匿地址。但是,基于犯罪行为的复杂性、多样性,法律规范不可能穷尽所有协助抓捕同案犯的行为类型,需要审判人员在审判实践中予以个案认定。本案中,被告人李晓光不但如实供述了同案犯的基本情况,而且在被采取强制措施接受讯问的同时,通过电话指引侦查人员到吴江住处将其抓获,与其本人带领侦查人员抓获吴江的行为性质和效果无异。因此,尽管李晓光本人未亲身到场,但其行为与第三种情形即“带领侦查人员抓获其他犯罪嫌疑人(包括同案犯)”具有实质上的等同性,符合立功制度的价值取向和刑法设立该制度的立法本意。因此,法院认定李晓光的行为构成立功并不违反法律规定。

对重大立功的认定,《解释》提出了明确的标准。根据规定,犯罪分子协助司法机关抓捕其他重大犯罪嫌疑人(包括同案犯)的,应当认定为有重大立功表现;而"重大犯罪嫌疑人"的标准,一般是指犯罪嫌疑人、被告人可能被判处无期徒刑以上刑罚或者案件在本省、自治区、直辖市或者全国范围内有较大影响等情形。本案中,李晓光的上述立功表现使侦查机关抓获了同案犯吴江,而吴江在共同犯罪中起主要作用,系主犯,应按照其参与的全部犯罪予以处罚。现有证据证明,吴江挪用公款达970余万元,数额巨大且不退还,其法定刑为十年以上有期徒刑或者无期徒刑,属于可能被判处无期徒刑的犯罪分子,而吴江最终亦被判处无期徒刑,属于上述司法解释中的"重大犯罪嫌疑人"。因此,李晓光的行为应被认定为重大立功表现。

(三)对职务犯罪案件中具有自首和重大立功情节的被告人,法院应当在全面考察其各项量刑情节和被告人的人身危险性的基础上,依法决定适当的宣告刑

基于自首且重大立功情节反映出被告人主观恶性较小、人身危险性显著降低的考虑,刑法典将自首且重大立功设置为必减型量刑情节,即应当减轻或者免除处罚,审判机关在量刑时必须在法定刑以下判处刑罚或者免除刑罚,没有自由裁量的余地。新近公布的《刑法修正案(八)》删除了该必减型情节,但由于刑法典对自首情节和重大立功情节已分别作出规定,取消该量刑情节并不意味着今后对具备自首和重大立功情节的被告人不再从宽处罚,而是法律赋予审判机关更大的自由裁量权,以实现具体刑事案件中的罪刑均衡。在刑事司法实践中,法院对具有自首且重大立功的被告人大多进行减轻处罚的处理方式,但法院在减轻处罚时对减轻幅度多采取较为严格的限制,一般均以减轻一个刑罚等级为基本限度。而针对职务犯罪案件,《最高人民法院关于贯彻宽严相济刑事政策的若干意见》第八条明确要求,要严格掌握职务犯罪

法定减轻处罚情节的认定标准和减轻处罚的幅度，严格控制依法减轻处罚后判处三年以下有期徒刑适用缓刑的范围，切实规范职务犯罪缓刑、免予刑事处罚的适用。

本案中，李晓光挪用公款数额巨大，应在五年以上有期徒刑的法定量刑幅度内裁量宣告刑。由于具有自首且重大立功的情节，法院决定对其减轻处罚，通过减轻一个刑罚等级而将处断刑确定为三年以上五年以下有期徒刑。综合考虑李晓光所具有的各项量刑情节，最终将宣告刑确定为三年有期徒刑，二审法院认为一审判决对其量刑适当，裁定予以维持。

在本案裁判发生法律效力以后，最高人民法院全面推行量刑规范化改革，我们参照量刑规范化文件规定的幅度对李晓光的量刑予以审查。根据《最高人民法院人民法院量刑指导意见（试行）》的规定，被告人具有自首情节的，可以减少基准刑的40%以下；具有重大立功情节的，可以减少基准刑的20%～50%；具有退赃、退赔情节的，可以减少基准刑的30%以下。由于刑法典将挪用公款数额巨大的法定量刑幅度确定为五年以上有期徒刑，可将五年有期徒刑作为李晓光的量刑起点。李晓光参与挪用公款123万余元，大大超过15万至20万元的“数额巨大”的起点，应在该量刑起点的基础上大幅增加刑罚量，将十五年有期徒刑确定为基准刑。李晓光具有自首情节，依法减少基准刑的40%；具有重大立功情节，依法减少基准刑的50%；且在亲友的协助下主动退缴参与挪用的全部赃款，依法减少基准刑的30%，得到对基准刑的调节结果为3.15年。因此，合议庭可以在该基准刑调节结果的10%的范围内即有期徒刑二年十个月至有期徒刑三年五个月之间合理确定宣告刑。综合全案考虑，一审判决对李晓光的量刑是适当的。

虽然职务犯罪的缓刑适用标准要比其他犯罪更为严格，但并不是说对职务犯罪被告人一律不适用缓刑，而是对缓刑本着严格控制的要求进行适用。本案中,李晓光在审判期间被确认为正在怀孕,法院认为从司法人性化出发,同时也注意充分保护妇女和儿童的合法权益,因此,在考察李晓光的身体情况并确认对其适用缓刑不致再危害社会后,决定对李晓光适用缓刑。《刑法修正案(八)》明确将怀孕的妇女作为重点适用缓刑的对象之一,本案虽然在《刑法修正案(八)》公布之前判决,但其对李晓光适用缓刑符合最新的立法精神,体现了宽严相济的刑事政策要求。

(撰稿:天津市第一中级人民法院　丁学君　田　虎
审编:最高人民法院刑一庭　薛淑兰)

[第 710 号]

石敬伟偷税、贪污案

——被羁押期间将他人串供字条交给监管人员，对进一步查证他人犯罪起了一定的协助作用，虽不认定为立功，但可酌情从轻处罚

一、基本案情

被告人石敬伟，男，1965 年 3 月 15 日出生，回族，个体经营天津市金杰晟科贸有限公司。因犯偷税罪于 2006 年 11 月 7 日被逮捕。

被告人高丽凤，女，1958 年 10 月 6 日出生，汉族，天津市金杰晟科贸有限公司职员。因犯偷税罪于 2006 年 11 月 7 日被取保候审。

天津市河东区人民检察院以被告人石敬伟犯偷税罪、贪污罪，被告人高丽凤犯偷税罪，向天津市河东区人民法院提起公诉。

河东区人民法院经公开审理查明：被告人石敬伟伙同被告人高丽凤在 1998 年至 2006 年 10 月期间，向税务机关少报、瞒报营业收入进行虚假纳税申报，共计偷税人民币（以下币种均为人民币）500 余万元。2001 年 11 月，被告人石敬伟伙同天津市送变电工程公司建筑一分公司采购员张德江（另案处理）贪污送变电工程公司货款 18 812 元。被告人石敬伟在案发后已将贪污款全部退赔。

河东区人民法院审理后认为,被告人石敬伟在经营活动中,故意违反国家税收法律、法规,进行虚假纳税申报,偷税500余万元,且偷税数额超过应纳税额的30%,其行为已构成偷税罪;被告人石敬伟与国家工作人员共谋侵吞公款18 000余元,其行为已经构成贪污罪。公诉机关指控罪名成立。依照《中华人民共和国刑法》第二百零一条,第三百八十二条第一款、第三款,第三百八十三条第一款第三项,第二十五条第一款,第二十六条,第二十七条,第六十九条,第七十二条的规定,于2007年10月26日判决:

被告人石敬伟犯偷税罪,判处有期徒刑六年,并处罚金人民币一千万元;犯贪污罪,判处有期徒刑一年,决定执行有期徒刑六年六个月,并处罚金人民币一千万元。被告人高丽凤犯偷税罪,判处有期徒刑三年,缓刑五年,并处罚金人民币一千万元。

在一审法院审判的过程中,公安机关根据线索侦破一起涉嫌毒品犯罪案件,当场抓获犯罪嫌疑人甲、乙二人,并起获大量毒品。公安机关对该二人均采取了刑事拘留措施,甲承认实施毒品犯罪,但称是个人所为,与乙没有关系;乙在到案后始终否认参与毒品犯罪,显然二人在事先已经订立了攻守同盟,公安机关的进一步侦查工作遇到困难。

被告人石敬伟与犯罪嫌疑人乙羁押在同一监室。乙虽然事先已经与甲订立了攻守同盟,但其对于甲能否坚持不将自己供出没有把握。为保险起见,乙偷偷写了一张字条,其内容是要求甲不要将乙参与犯罪的行为供出,并许诺将给予甲各种好处。乙出于个人避嫌的考虑,将该字条交给石敬伟,要求石敬伟寻找时机将字条交给甲。石敬伟对于乙的要求假意应允,随后便将该串供字条交给监管人员。公安机关获得字条后进行了笔迹鉴定,确定是乙所写,并分别对甲、乙二人进行了讯问。甲、乙面对这一突发情况,心理防线崩溃,如实供述了乙参与毒品犯罪的事实。

公安机关认为石敬伟对于案件的侦查工作起到了协助作用,

所以出具书面证明材料,建议法院在对石敬伟量刑时予以考虑。但公安机关出具该证明材料时,石敬伟的一审判决已经宣判。

一审宣判后,被告人石敬伟不服,向天津市第二中级人民法院提出上诉。辩称原审判决量刑过重,请求对其从轻处罚。其辩护人认为,石敬伟的行为对于该起毒品犯罪的整体侦破具有重要意义,因此,石敬伟的行为符合"提供侦破其他案件的重要线索,经查证属实"这一条件,应当认定为具有立功情节。检察机关认为,在石敬伟将字条交给监管人员之前,公安机关已经将涉案毒品全部查获,当场抓获了两名犯罪嫌疑人,该案已经侦破,石敬伟所提供的线索对整体案件的侦破不具有重要意义,所以辩护人的辩护意见并不成立,建议驳回上诉,维持原判。

天津市第二中级人民法院经审理后认为,上诉人石敬伟犯偷税罪、贪污罪的事实清楚,证据充分,定罪准确,审判程序合法。在偷税犯罪中上诉人石敬伟系主犯,原审被告人高丽凤系从犯,对高丽凤可以从轻处罚。在贪污犯罪中,上诉人石敬伟伙同国家工作人员贪污公款,应以贪污罪的共犯论处,但石敬伟在共同犯罪中属于次要、辅助地位,属于从犯,依法可以减轻处罚。上诉人石敬伟在羁押期间向公安机关提供了另一起案件犯罪嫌疑人串供的线索,虽不能认定为立功,但可酌情从轻处罚,对上诉人的部分上诉理由予以支持。辩护人在辩护意见中请求对上诉人从轻处罚的部分,予以采纳。据此,依照《中华人民共和国刑事诉讼法》第一百八十九条第一项、第三项;《中华人民共和国刑法》第二百零一条,第三百八十二条第一款、第三款,第三百八十三条第一款第三项,第二十五条第一款,第二十六条,第二十七条,第六十九条,第七十二条,第七十三条的规定,于2008年3月31日判决如下:

1. 维持天津市河东区人民法院(2007)东刑初字第113号刑事判决第二项,即被告人高丽凤犯偷税罪,判处有期徒刑三年,缓刑五年,并处罚金人民币一千万元。

2. 撤销天津市河东区人民法院(2007)东刑初字第113号刑事判决第一项,即被告人石敬伟犯偷税罪,判处有期徒刑六年,并处罚金人民币一千万元;犯贪污罪,判处有期徒刑一年;决定执行有期徒刑六年六个月,并处罚金人民币一千万元。

3. 上诉人(原审被告人)石敬伟犯偷税罪,判处有期徒刑五年,并处罚金人民币一千万元;犯贪污罪,判处有期徒刑六个月;决定执行有期徒刑五年,并处罚金人民币一千万元。

二、主要问题

在被羁押期间将他人串供字条交给监管人员,对公安机关的侦查工作起到协助作用,能否认定为立功?

三、裁判理由

刑法第六十八条第一款规定:"犯罪分子有揭发他人犯罪行为,经查证属实的,或者提供重要线索,从而得以侦破其他案件等立功表现的,可以从轻或者减轻处罚。"《最高人民法院关于处理自首和立功具体应用法律若干问题的解释》(以下简称《解释》)第五条对立功的情形作了具体化规定,共有五种:(1)犯罪分子到案后检举、揭发他人犯罪行为,经查证属实;(2)提供侦破其他案件的重要线索,经查证属实;(3)阻止他人犯罪活动;(4)协助司法机关抓捕其他犯罪嫌疑人;(5)具有其他有利于国家和社会的突出表现的,应当认定为有立功表现。评价犯罪分子的行为是否属于立功,一方面,要从实效性角度,考查其行为是否对国家和社会有较大贡献;另一方面,还要从法定性角度,考查其行为是否符合法律关于立功的规定。

(一)被告人石敬伟向监管人员提供他人串供字条的行为,不属于《解释》第五条规定的第一、二种情形,即不属于"检举、揭发他人犯罪行为,经查证属实"、"提供侦破其他案件的重要线索,经查证属实"的情形

首先,《解释》第五条规定的"检举、揭发他人犯罪行为"、"提

供侦破其他案件的重要线索”均应发生在司法机关侦破被检举、揭发的案件之前,第一种情形强调在案件侦破前揭发犯罪嫌疑人,经查证属实;第二种情形强调在案件侦破前向司法机关提供重要线索,使案件最终得以侦破。《最高人民法院关于处理自首和立功若干具体问题的意见》(以下简称《意见》)第六条对关于立功线索的具体认定的规定,“根据被告人检举揭发破获的他人犯罪案件,如果已有审判结果,应当依据判决确认的事实认定是否查证属实……”这一规定进一步表明《解释》第五条的第一、二种检举揭发行为必须发生在案件侦破之前,才可能认定为立功。

《公安机关办理刑事案件程序规定》第一百六十六条规定:“破案应当具备下列条件:(一)犯罪事实已有证据证明;(二)有证据证明犯罪事实是犯罪嫌疑人实施的;(三)犯罪嫌疑人或者主要犯罪嫌疑人已经归案。”在本案中,甲、乙二人在实施毒品犯罪时均已被公安机关当场抓获,携带的大量毒品亦被缴获,公安机关已经掌握了二人犯罪的重要证据,并对其采取了强制措施,符合案件侦破的标准,该案已经侦破。石敬伟在案件侦破以后才向监管人员提供乙的串供字条,客观上对公安机关进一步侦查甲、乙贩卖毒品案件得以顺利进行有所帮助,但公安机关并不是因此而侦破该起案件,因此,石敬伟不符合“检举、揭发他人犯罪行为,经查证属实”、“提供侦破其他案件的重要线索,经查证属实”的时机条件。

其次,如果石敬伟向公安机关提供串供字条的行为发生在该起毒品犯罪案件侦破之前,那么其行为既可能属“检举、揭发他人犯罪”,也可能是“提供侦破其他案件的重要线索”,一经查证属实即可认定立功。我们这里所讲的犯罪“线索”,是指关于具体犯罪活动的相关信息,这些信息通常会给司法机关侦破案件提供具体犯罪人的信息。但是,一旦案件侦破后,再向司法机关提供该案相关犯罪活动信息的,由于该信息对案件的侦破并不具有实质意义,将不再属于“提供侦破其他案件的重要线索”。本案石敬伟提供的字条虽然证明甲、乙二人均实施了毒品犯罪行为，虽然含有二人具体犯罪活动的信息，但它的价值只是使司法机关对已掌握的犯罪信息得到进一步印证，对侦破该起毒品犯罪案件并没有起到实质意义，其价值功能并不符合犯罪“线索”的内在要求，故不能认定为犯罪“线索”。所以，石敬伟的行为不属于向司法机关提供侦破其他案件的犯罪“线索”。

综上，石敬伟向监管人员提供他人串供字条的行为，不符合《解释》第五条规定的“检举、揭发他人犯罪行为”、“提供侦破其他案件的重要线索”的情形，不能据此认定为立功。

需要注意的是，刑事诉讼过程中，案件的侦破与审判在证据标准上有一定区别。侦破案件证据标准强调的是“有证据证明”，而审判案件证据标准强调的是“确实、充分，形成完整的证据锁链，排除合理怀疑”，所以案件虽然侦破了，但并不当然导致被告人被定罪，这其间侦查机关还需搜集、固定大量证据。司法实践中，案件侦破后因证据不足被判无罪的案件并不罕见，这其中的不确定性也就为犯罪嫌疑人、被告人预留了立功的空间。因为侦破案件的目的就是追诉和审判，使犯罪分子得到应有的惩罚，以实现刑罚的个别预防和一般预防的目的，如果案件最终因证据不足而无法认定，那么该案的侦破也就失去了意义。所以，在把握立功政策时，我们不能只重视案件是否因此而侦破，而忽视案件最终认定情况。对那些已经侦破或犯罪嫌疑人已被抓获的案件，如果行为人检举或提供的线索对司法机关进一步搜集证据、对案件的追诉和审判起到至关重要的协助作用的，可以以“具有其他有利于国家和社会的突出表现”的情形来依法认定为立功。例如本案，如果侦查机关在抓获犯罪嫌疑人甲、乙的时候，没有查获到毒品，二人到案后对毒品去向拒不交代，致使案件因关键物证缺失而无法追诉并定罪量刑，之后根据石敬伟所提供的线索，将甲、乙二人藏匿的毒品查获，石敬伟提供的线索对案件的追诉及审判起到至关重要的作用,属于“有利于国家和社会的突出表现”的情形,依法可据此认定为立功。

(二)被告人石敬伟向监管人员提供他人串供字条的行为,不属于《解释》第五条规定的第三种情形,即不属于“阻止他人犯罪活动”的情形

阻止他人犯罪活动,既包括阻止他人在羁押场所以内的犯罪活动,也包括阻止他人在羁押场所之外的犯罪活动。在本案中,由于石敬伟与犯罪嫌疑人甲、乙均处于被羁押场所以内,所以,只要确认犯罪嫌疑人乙向甲传递字条的行为是否属于“犯罪活动”就可以了。乙向甲传递字条的目的是请求甲坚守之前订立的“攻守同盟”,要求甲在向司法机关供述犯罪事实的时候,进行虚假供述,也就是提供伪证,从而隐瞒乙参与犯罪的事实,意图逃避刑事处罚。这种行为能否构成犯罪呢?在我国《刑法》第六章第二节中规定了十三种妨害司法的犯罪行为,其中与犯罪嫌疑人乙的行为较为接近的有伪证罪、包庇罪以及破坏监管秩序罪。但是伪证罪和破坏监管秩序罪的犯罪主体都是特殊主体,伪证罪要求主体是证人、记录人、翻译人,并不包含犯罪嫌疑人以及刑事被告人;破坏监管秩序罪的主体要求是依法被关押的罪犯,并不包括正在受到刑事追究的犯罪嫌疑人。而包庇罪以不成立共同犯罪为前提,本案中犯罪嫌疑人甲、乙之间属于共同犯罪,相互之间隐瞒犯罪事实的行为就不能成立包庇罪。除此之外,将乙的行为与其他妨害司法犯罪行为相比对,均存在较大的差异。

从我国当前的司法实践来看,犯罪嫌疑人被抓捕之后,出于自我保护的本能,在侦讯过程中往往采用避重就轻的策略,不能如实供述全部犯罪事实;还有的犯罪嫌疑人“哥们义气”的思想严重,意图将所有的罪责全部包揽下来,从而使同案犯获得开脱。上述行为都是属于犯罪嫌疑人认罪态度不好的表现,在审判量刑的过程中可以酌情予以考虑,但是我国目前尚未将这种行为规定为犯

罪。综上,石敬伟虽然阻止了犯罪嫌疑人甲、乙之前传递消息,但是由于乙的行为尚不属于“犯罪活动”,所以石敬伟的行为同样不符合法律规定的该项立功条件。

(三)被告人石敬伟向监管人员提供他人串供字条的行为,不属于《解释》第五条规定的第四种情形,即不属于“协助司法机关抓捕其他犯罪嫌疑人”的情形

协助司法机关抓捕其他犯罪嫌疑人的前提,是行为人在向司法机关提供协助之前,该犯罪嫌疑人尚未被抓捕,人身自由尚未被限制,仍然处于在逃的状态。在本案中,由于犯罪嫌疑人甲、乙二人均已经被抓捕并羁押在案,且乙与石敬伟在同一监舍,石敬伟正是得益于此种便利,才获得甲、乙串供的字条。其将串供字条交给监管人员的行为对协助抓捕甲、乙没有起到任何作用,因此,其行为不符合《解释》第五条规定的“协助司法机关抓捕其他犯罪嫌疑人”这一立功情况。

(四)被告人石敬伟向监管人员提供他人串供字条的行为,是有利于国家和社会的行为,但未达到“突出表现”的程度,故不属于《解释》第五条规定的第五种情形,即不属于“具有其他有利于国家和社会的突出表现”的情形

立功制度在我国有着悠久的历史,跨越了奴隶社会、封建社会至近、现代社会。在阶级斗争激烈残酷的时代,立功制度对分化敌人发挥了重要作用。我国现行刑法中的立功制度源于我党“立功受奖”的刑事政策,新中国成立初期这一政策仅适用于反革命案件,后来被推广适用于一切犯罪。当前,刑事案件的多发形势与司法资源的有限性之间的矛盾,是立功制度依然存在的现实需要,犯罪分子作案后总是千方百计掩盖犯罪、逃避侦查,且作案手段日趋复杂、隐蔽,而司法机关由于人员、技术、经费等原因,往往不能及时使犯罪分子受到法律的制裁。所以,立功制度的确立,充分发挥了已经到案犯罪分子的积极性,利用其处于特定群体,便于掌握更

多犯罪信息的优势，配合司法机关工作，较大程度地弥补了目前司法资源的不足。

但是在实践中，我们对立功政策的把握应审慎客观，既不能过于功利主义，又不能过于严苛，应该按照实效性和法定性两个标准科学界定犯罪人的行为。

本案中石敬伟向监管人员提供线索行为的实际效果，尚未达到立功的标准。"其他有利于国家和社会的突出表现"，应当与"检举、揭发他人犯罪行为，查证属实"或"提供侦破其他案件的重要线索，查证属实"等法律已经列举行为不同，但在有利于国家和社会的作用上有基本相当的表现，为此才可以认为是"突出表现"，才能认定为立功，否则法律就没有必要强调"突出"表现。本案石敬伟向监管人员提供已经侦破案件的线索，协助公安机关进一步搜集证据的行为与提供线索协助公安机关侦破案件的行为属同种行为，仅是提供线索的时间不同，对公安机关的协助作用不同。相比之下前者所起的作用要明显小于后者，因为公安机关当时已经将甲、乙二人当场抓获，并将携带的毒品缴获，掌握了二人犯罪的关键证据，虽然进一步取证工作遇到一定困难，但通过采取相应侦查措施，该困难并非无法克服。在这种情况下石敬伟实施的协助行为属于"锦上添花"，虽然起到一定作用，但与提供重要线索使案件得以侦破的"雪中送炭"相比，还是有明显的区别。所以石敬伟提供线索行为对司法机关的协助作用，尚未达到法定的"突出表现"的立功标准，不宜据此认定为立功。

（五）被告人石敬伟向监管人员提供他人串供字条的行为虽不能认定立功，但鉴于其有利于社会，可以酌情从轻处罚

"量刑应当贯彻宽严相济的刑事政策，做到该宽则宽，当严则严，宽严相济，罚当其罪，确保裁判法律效果和社会效果的统一"。这是人民法院在量刑工作中的重要指导原则，也是人民法院量刑规范化的要求。刑事司法的根本目的不是惩罚犯罪，而是通过惩

罚犯罪来达到预防犯罪的目的,这就要求我们的量刑工作一定要做到罪责刑相适应。宽严相济刑事政策的核心是区别对待,绝不能唯犯罪结果论,要注意区别不同的犯罪事实、犯罪情节,辨别不同犯罪目的、犯罪动机和犯罪手段,还要综合考虑犯罪嫌疑人、刑事被告人的主观恶性、悔改表现等多种因素,区别量刑,做到宽严有度。

具体到本案,石敬伟的行为虽然不能认定为立功,但一方面考虑其协助行为对于该起毒品案件的后期证据搜集工作起到一定的积极作用,提高了侦查工作效率,节约了司法资源,对此应该给予适当奖励。另一方面,石敬伟将犯罪嫌疑人乙让其传递的字条交给公安机关,可能由此遭受乙的怀恨,其个人承担了一定的风险,基于公平原则对此亦应适当体现政策。所以,在对石敬伟的量刑上可以酌情从轻处罚,从而达到鼓励其他犯罪嫌疑人积极向司法机关提供线索、提高司法效率的目的。

综合以上分析,天津市第二中级人民法院对案件的处理是正确、恰当的。

(撰稿:天津市高级人民法院　陈长东
天津市第二中级人民法院　张津隆
审编:最高人民法院刑一庭　薛淑兰)

［第711号］

胡国栋抢劫案

——自首后主动交代获悉的同案犯的关押场所并予以指认的，构成立功

一、基本案情

被告人胡国栋，男，1993年8月18日出生，无业。因涉嫌犯盗窃罪于2008年11月15日被逮捕。

浙江省宁波市镇海区人民检察院以被告人胡国栋犯抢劫罪，向宁波市镇海区人民法院提起公诉。

被告人胡国栋及其辩护人对指控事实无异议，胡国栋自愿认罪。

宁波市镇海区人民法院经不公开审理查明：

2008年10月8日20时许，被告人胡国栋伙同同案被告人蒋桃及王焱（另案处理）在浙江省宁波市镇海区骆驼街道华丰花园内，撬锁窃得停放在该小区21幢楼下的一辆绿色蒲公英牌电动自行车，价值人民币（以下币种均为人民币）1 430元（宁波市盗窃罪的定罪数额标准是2 000元）。胡国栋、蒋桃在逃离途中被抓获。后胡国栋主动向公安机关交代：2008年9月28日晚，其伙同蒋桃、王焱等八人经事先预谋，携带斧头、砍刀等工具到宁波市镇海区蛟川街道"万里一族"网吧，将被害人孙恒林骗至网吧门口，采用拳打脚踢、搜身等手段劫得孙恒林的钱夹，内有500余元现金、

银行卡、身份证等物。孙恒林被殴打致轻微伤。

另查明:2008年11月下旬,被告人胡国栋与曾经共同盗窃的同伙张华胜关押在镇海区看守所1号监区,胡国栋从张华胜处获悉2008年9月28日与其共同实施抢劫的"平头"(王焱的绰号)因涉嫌盗窃被关押在镇海区看守所2号监区。2009年1月4日,胡国栋接受公安机关讯问时揭发了"平头"已被关押在同一看守所的情况。同月8日,胡国栋在公安人员的组织下对照片进行混合辨认,指认王焱即"平头"。次日,同案被告人蒋桃亦指认王焱即参与抢劫犯罪的"平头"。同月12日,经公安机关讯问,王焱供述了其与胡国栋、蒋桃等八人在镇海区蛟川街道"万里一族"网吧门口抢劫一男子的事实。2009年3月16日,宁波市镇海区人民法院以王焱犯抢劫罪,判处有期徒刑四年,并处罚金人民币一千元。

根据上述事实,宁波市镇海区人民法院认为,被告人胡国栋以非法占有为目的,伙同他人采用暴力等手段劫取他人财物,其行为已构成抢劫罪。胡国栋检举同案犯王焱的行为不符合有关立功的法律规定,不构成立功。但鉴于其因实施盗窃违法行为被抓获后主动交代了公安机关尚未掌握的抢劫犯罪事实,系自首,可从轻或减轻处罚;又鉴于其犯罪时未满十六周岁,且能自愿认罪,可依法减轻处罚。据此,依照刑法第二百六十三条,第二十五条第一款,第十七条第二款、第三款,第六十七条第二款及《最高人民法院关于处理自首和立功具体应用法律若干问题的解释》第二条的规定,判决如下:

被告人胡国栋犯抢劫罪,判处有期徒刑一年,并处罚金人民币五百元。

一审宣判后,检察机关提出抗诉,认为被告人胡国栋在羁押期间向公安机关检举曾与其一起抢劫的"平头"关押在同一看守所的2号监区,并经混合辨认照片,指认王焱即"平头",王焱在接受讯问时供认了伙同胡国栋抢劫的事实。胡国栋具有立功表现,原判未予认定不当。

被告人胡国栋对原判认定的事实及检察机关的抗诉意见无异议，亦未上诉。其辩护人提出，胡国栋有立功表现，请求二审在原判的基础上再予从宽处理。

浙江省宁波市中级人民法院经二审审理认为，原审被告人胡国栋向公安机关揭发同案犯王焱参与共同抢劫的犯罪事实，并协助公安机关辨认犯罪分子，使王焱的抢劫犯罪事实得以查获，其行为依法可以认定为立功。对宁波市镇海区人民检察院的抗诉意见及宁波市人民检察院的出庭意见予以支持，对胡国栋辩护人的辩护意见予以采纳。原判认定的事实清楚，证据确实、充分，定罪准确，唯对原审被告人胡国栋揭发同案犯的抢劫犯罪未认定立功不当，予以纠正。据此，依照《中华人民共和国刑事诉讼法》第一百八十九条第三项和《中华人民共和国刑法》第二百六十三条，第二十五条第一款，第十七条第二款、第三款，第六十七条第二款，第六十八条第一款以及《最高人民法院关于处理自首和立功具体应用法律若干问题的解释》第二条、第五条的规定，判决如下：

1. 撤销浙江省宁波市镇海区人民法院（2009）甬镇刑初字第89号刑事判决第二项，即被告人胡国栋犯抢劫罪，判处有期徒刑一年，并处罚金人民币五百元；

2. 原审被告人胡国栋犯抢劫罪，判处其有期徒刑八个月，并处罚金人民币五百元。

二、主要问题

被告人胡国栋自首后主动交代获悉的同案犯的关押场所并予以指认的，是否构成立功？

三、裁判理由

本案审理中，对被告人胡国栋是否具有立功表现，有不同意见。一种意见认为，胡国栋自首后向公安机关交代同案犯王焱的关押场所并予以指认，是其应当供述的内容范畴，不能在认定自首的同时又认定立功,但可以酌情予以从轻处罚。另一种意见认为,同案犯王焱于2008年10月13日因盗窃被抓获后的3个月时间里,一直隐瞒其曾经伙同胡国栋等人抢劫的事实,如没有胡国栋的揭发及指认,则司法机关难以按照正常工作程序掌握王焱参与该起抢劫的事实,而公安机关正是根据胡国栋提供的情况才掌握王焱的抢劫犯罪事实,故应当认定胡国栋既有自首表现,又有立功表现。

以上两种意见分歧的实质是如何理解和认定共同犯罪案件的被告人自首时所应当供述的同案犯信息的范围。或者说,共同犯罪案件的被告人自首时交代同案犯情况的,在何种条件下可以认定为立功。《最高人民法院关于处理自首和立功具体应用法律若干问题的解释》(以下简称《解释》)第一条第二项规定:"……共同犯罪案件中的犯罪嫌疑人,除如实供述自己的罪行,还应当供述所知的同案犯,主犯则应当供述所知其他同案犯的共同犯罪事实,才能认定为自首……"之所以这样规定,是由共同犯罪的整体性特征决定的。因为共同犯罪的被告人如果不交代同案犯的犯罪事实,就没有完整交代自己的罪行,自然谈不上如实供述,也就不能认定为自首。所谓"供述所知的同案犯",通常是指供述同案犯的姓名、住址、联系方式等身份情况和在共同犯罪中的具体表现、地位和作用。而这些内容往往会对司法机关抓捕同案犯起到协助作用,由此导致自首的成立与立功的认定会发生一定程度的竞合。《解释》第五条规定,犯罪分子到案后协助司法机关抓捕其他犯罪嫌疑人(包括同案犯)的,应当认定有立功表现。这里的关键在于如何准确界定"协助"的内涵。如果对"协助"的理解过于宽泛,会导致"协助"与"如实供述"发生较高程度的竞合,这时如认定被告人同时构成自首和立功,实际上是重复评价。因而,有必要稳妥、确切地界定"协助"的内涵,使"协助"超越"如实供述"的范围,以完整、准确评价被告人的表现。

对此,司法实践中已经总结了一些经验。例如,2008 年 12 月印发的《全国部分法院审理毒品犯罪案件工作座谈会纪要》提出:“共同犯罪中同案犯的基本情况,包括同案犯姓名、住址、体貌特征、联络方式等信息,属于被告人应当供述的范围。公安机关根据被告人供述抓获同案犯的,不应认定其有立功表现。被告人在公安机关抓获同案犯过程中确实起到协助作用的,例如,经被告人现场指认、辨认抓获了同案犯;被告人带领公安人员抓获了同案犯;被告人提供了不为有关机关掌握或者有关机关按照正常工作程序无法掌握的同案犯藏匿的线索,有关机关据此抓获了同案犯;被告人交代了与同案犯的联系方式,又按要求与对方联络,积极协助公安机关抓获了同案犯等,属于协助司法机关抓获同案犯,应认定为立功。”该指导意见虽然主要是针对毒品犯罪案件立功的认定问题提出的,但对其他案件中被告人立功的认定也具有指导意义。为进一步准确认定自首和立功,2010 年 12 月 22 日,最高人民法院又印发了《关于处理自首和立功若干具体问题的意见》,其中第五条对“协助抓捕其他犯罪嫌疑人”的认定作了具体规定,即犯罪分子具有下列行为之一,使司法机关抓获其他犯罪嫌疑人的,属于《解释》第五条规定的“协助司法机关抓捕其他犯罪嫌疑人”:(1)按照司法机关的安排,以打电话、发信息等方式将其他犯罪嫌疑人(包括同案犯)约至指定地点的;(2)按照司法机关的安排,当场指认、辨认其他犯罪嫌疑人(包括同案犯)的;(3)带领侦查人员抓获其他犯罪嫌疑人(包括同案犯)的;(4)提供司法机关尚未掌握的其他案件犯罪嫌疑人的联络方式、藏匿地址的;等等。该条同时规定:“犯罪分子提供同案犯姓名、住址、体貌特征等基本情况,或者提供犯罪前、犯罪中掌握、使用的同案犯联络方式、藏匿地址,司法机关据此抓捕同案犯的,不能认定为协助司法机关抓捕同案犯。”根据这些规定,结合司法实践情况,对于司法机关根据被告人自首时交代的情况抓获同案犯的,能否同时认定其有立功表现,可以区分以下情形具体分析：

第一，被告人自首时交代同案犯的姓名或绰号、性别、年龄、体貌特征、住址、籍贯、联系电话、QQ号等个人信息的，属于其应当供述的范围，是成立自首所必备的条件。如果被告人自首时不交代或不如实交代同案犯的这些基本信息，则不能认定为如实交代，不能认定为自首。公安机关根据自首被告人交代的同案犯基本信息抓获同案犯的，不能在认定自首之外再认定被告人有立功表现，否则就是评价过剩，属于适用法律不当。

第二，被告人自首时交代了同案犯的姓名、性别、年龄、体貌特征、住址、联系电话等基本信息，又提供了同案犯的可能藏匿地等线索，而该线索是司法机关通过正常工作程序能够掌握的，则也不能认定被告人有立功表现，仅应认定其有自首情节。例如，被告人自首时交代了同案犯的手机号，并称同案犯可能藏匿于另一个城市的女友家里。后公安机关通过技侦手段确定了同案犯所处的具体位置，即前往抓捕，并最终在该同案犯的女友家里将其抓获。在这种情形中，虽然被告人交代的同案犯的藏匿地点与公安机关实际抓获该同案犯的地点相同，但通过技侦手段确定犯罪嫌疑人的位置属于公安机关的正常工作范围，即使被告人不交代同案犯可能藏匿于其女友家，公安机关也可以通过该正常工作程序抓获同案犯。而公安机关客观上也是通过这种途径抓获同案犯的，故在这种情形下不能认定被告人有立功表现。

第三，被告人自首时交代了同案犯的罪行和基本信息，又提供了司法机关无法通过正常工作程序掌握的有关同案犯的线索，而司法机关正是通过该线索将同案犯抓获归案的，那么，不论被告人是否带领公安机关前往现场抓捕，都应当认定其行为对司法机关抓获同案犯起到了必要的协助作用，构成立功。

本案中，被告人胡国栋向公安机关自首其抢劫犯罪时，即供述了参与作案的还有一个不知真实姓名、绰号叫“平头”的同案犯，当其从他人处获悉“平头”也被关押在同一看守所后，便在接受讯问时予以揭发，并在公安机关的组织下对照片进行混合辨认，指认出同案犯“平头”。公安人员正是借此线索展开侦查，从而掌握了王焱参与抢劫的事实。一审法院以抢劫罪判处王焱有期徒刑四年，并处罚金人民币一千元。由于王焱在被关押的三个多月间一直隐瞒其还参与抢劫的事实，同案犯蒋桃亦未揭发王焱，故胡国栋提供的线索是锁定王焱抢劫犯罪的关键，而该线索是公安机关无法通过正常工作程序予以掌握的，至少在胡国栋揭发前没有掌握。因此，被告人胡国栋的揭发行为属于上述第三种情形，应当认定为立功。

第四，值得说明的是，判断被告人提供的同案犯信息是否属于司法机关通过正常工作程序能够掌握的范围，应当立足于已然事实。就本案而言，同案犯王焱“隐藏”在看守所里，或许有一天会在看守所主动交代余罪，或许会被其他同监犯告发，或许会在其他五名在逃的同案犯归案时被揭发等。但这些均是假设，均没有在被告人胡国栋揭发之前实际发生，故不能以司法机关可能通过其他途径掌握同案犯的线索为由，否认胡国栋的行为客观上所起的必要协助作用。也就是说，对共同犯罪的被告人自首时所交代的同案犯的罪行和基本信息超越了“如实供述”的范围，并对抓获同案犯确实起到必要的协助作用的，应根据《解释》第五条的规定，同时认定具有自首和立功表现，依法从宽处罚。准确把握这一原则，对于切实贯彻宽严相济的刑事政策，分化瓦解犯罪分子，感召犯罪人改过自新，均具有积极的现实意义。

（撰稿：最高人民法院刑五庭　竹莹莹
浙江省宁波市中级人民法院　徐晓峰　吴伟民
审编：最高人民法院刑五庭　马　岩）

[第712号]

刘伟等抢劫案

——带领公安人员抓捕同案犯，未指认同案犯及其住处的，不认定为立功

一、基本案情

被告人刘伟，男，1989年4月19日出生，小学文化，无业。因本案于2009年1月21日被逮捕。

被告人姬义，男，1985年4月6日出生，小学文化，无业。因本案于2009年1月21日被逮捕。

被告人谢辉，男，1990年7月23日出生，小学文化，无业。因本案于2009年1月21日被逮捕。

被告人赵浩，男，1990年7月15日出生，小学文化，农民。因本案于2009年1月21日被逮捕。

天津市人民检察院第一分院以被告人刘伟、姬义、谢辉、赵浩犯抢劫罪，向天津市第一中级人民法院提起公诉。

被告人刘伟对指控的犯罪事实无异议。其辩护人的辩护意见为，刘伟归案后协助公安机关抓获同案犯姬义，应是重大立功，请求对其从轻处罚。被告人姬义对指控的犯罪事实无异议。其辩护人的辩护意见为，姬义系初犯，主观恶性较小，请求对其从轻处罚。被告人谢辉对指控的犯罪事实无异议。其辩护人的辩护意见为，谢辉在共同犯罪过程中起次要作用，是从犯，请求对其从轻处罚。

天津市第一中级人民法院公开审理查明：

1. 2009年1月7日18时许，被告人刘伟、姬义、谢辉预谋抢劫小超市，因故未得逞。姬义提议抢劫曾经一起做过生意的被害人董宝玲，并提议先将董宝玲杀害后再实施抢劫。当日23时许，姬义带领刘伟、谢辉至董宝玲的住处，姬义先诱骗董宝玲开门，刘伟、谢辉趁机闯入董宝玲家中，谢辉拽住董宝玲的手臂，使其无法反抗，刘伟持尖刀朝董宝玲胸部等处猛捅数刀，致董宝玲死亡。而后，三人劫得现金人民币（以下币种均为人民币）1 000元、联想牌笔记本电脑一台、手机三部、千里马轿车一辆（抢劫财物价值合计34 130元）。

2. 2009年1月上旬的一天23时许，被告人刘伟携带砍刀伙同谢辉、赵浩至被害人黄庆财、陈晓玲经营的平价超市，谢辉、赵浩在门口接应，刘伟持砍刀闯入超市，劫取现金400元。

3. 2008年12月23日21时许，被告人刘伟携带尖刀至被害人刘树勋经营的小卖部内，假意购物，趁刘不备，持尖刀朝刘树勋背部猛捅数刀，致刘树勋轻伤，并劫取现金350元。

案发后，公安机关先将刘伟、谢辉抓获归案。尔后，刘伟带领公安人员到河北省廊坊市将被告人姬义抓获归案。赵浩亦被公安机关抓获归案。

天津市第一中级人民法院认为，被告人刘伟、姬义、谢辉、赵浩的行为均已构成抢劫罪。刘伟、姬义、谢辉抢劫致人死亡，情节、后果均特别严重，在共同犯罪中，三被告人地位、作用相当。刘伟多次持刀实施抢劫犯罪，并致一人死亡、一人轻伤，作案手段凶残，虽有重大立功和坦白情节，依法亦不足以从轻处罚。姬义积极提议并预谋以杀害被害人的方式劫取钱财，在共同犯罪中起关键作用，依法应予以严惩。综合全案事实情节，谢辉不属于判处死刑立即执行的犯罪分子。赵浩在共同犯罪中是从犯，应依法从轻处罚。依照《中华人民共和国刑法》第二百六十三条第一项、第四项、第五项，第五十七条第一款，第四十八条，第二十五条，第二十六条第一款、第四款，第二十七条，第六十八条，第三十六条第一款；《最高人民法院关于处理自首和立功具体应用法律若干问题的解释》第四条、第五条、第七条；《中华人民共和国刑事诉讼法》第七十七条第一款之规定，以抢劫罪分别判处被告人刘伟、姬义死刑，剥夺政治权利终身，并处没收个人全部财产；以抢劫罪判处被告人谢辉死刑，缓期二年执行，剥夺政治权利终身，并处没收个人全部财产；以抢劫罪判处被告人赵浩有期徒刑三年，并处罚金人民币一千元。

一审宣判后，被告人刘伟、姬义、谢辉对刑事判决不服，提出上诉。刘伟上诉称，其协助公安机关抓捕同案犯，构成重大立功，并积极坦白余罪。其辩护人认为，刘伟系初犯，且认罪、悔罪，建议对其从轻处罚。姬义上诉称，原判事实不清，量刑过重。其辩护人认为，原判认定姬义提议杀害董宝玲的证据不足，其属于从犯，建议对其从轻处罚。谢辉上诉称，原判量刑过重。其辩护人提出，谢辉认罪、悔罪，主动坦白交代余罪，请求对其从轻处罚。

天津市高级人民法院经二审审理查明的犯罪事实与一审相同。另查明，谢辉、刘伟被抓获后分别交代了伙同姬义抢劫杀害董宝玲的犯罪事实，且谢辉先于刘伟交代，并交代出姬义案发前在廊坊火车站附近开小卖部，并在火车站附近铁锋旅馆租了一间房与其女友居住、生活，且姬义右手缺失。因刘伟对当地相对较熟，为确保顺利抓获姬义，必要时可由刘伟对姬义及姬义住处予以指认，公安人员驱车押解刘伟来到廊坊市火车站，发现火车站西侧小卖部外面上锁，没有灯亮，可以确认姬义很可能住在铁锋旅馆，公安人员找到当地站前派出所民警配合抓捕，并从旅馆负责人处得知，有一缺少右臂男子在旅馆9号房间与其对象一起租住，公安人员在该房间将姬义当场抓获。经突审，姬义对伙同刘伟、谢辉抢劫杀害董宝玲的犯罪事实供认不讳，且在该房间内当场搜出被抢的联想笔记本电脑。整个抓捕过程中，刘伟并未下车对姬义住处及其本人进行指认。

天津市高级人民法院认为，上诉人刘伟、姬义、谢辉、原审被告人赵浩单独或分别结伙以暴力手段抢劫他人财物，其行为均已构成抢劫罪。刘伟、姬义、谢辉抢劫数额巨大，在抢劫中致人死亡，情节、后果均特别严重，应依法分别予以处罚。在共同犯罪中，刘伟、姬义、谢辉分工配合，均起主要作用。原审被告人赵浩起次要作用，是从犯，依法从轻予以处罚。对于刘伟所提其具有重大立功的上诉理由，经查，谢辉先于刘伟交代了伙同姬义抢劫董宝玲的事实，并交代出姬义的惯常住处以及右手缺失的特征，因此，谢辉和刘伟均不属于提供同案犯的藏匿地点，且公安机关是在当地派出所民警和旅馆负责人的协助下将姬义抓获，整个抓捕过程中，刘伟未能起到协助司法机关抓捕同案犯的实际作用，根据《最高人民法院关于处理自首和立功具体应用法律若干问题的解释》的规定，刘伟的行为不构成重大立功。对于姬义及其辩护人所提原判事实不清，请求对其从轻处罚的意见，经查，姬义确定抢劫目标，预谋以杀人方式实施抢劫，并骗开房门，在共同犯罪中亦起主要作用；但考虑到姬义在抢劫中没有实施杀害被害人的行为，在共同犯罪中的作用相对较小，因此，对于上诉人姬义判处死刑，可不立即执行。谢辉及其辩护人所提有关辩解及其辩护意见，经查于法无据，不予采纳。原判认定犯罪事实清楚，证据确实、充分，定罪准确，审判程序合法，但对姬义量刑不当，应予改判。依照《中华人民共和国刑事诉讼法》第一百八十九条第一项、第二项，第一百九十九条，第二百零一条之规定，判决如下：

1. 维持原判对被告人刘伟、谢辉、赵浩的定罪量刑；

2. 上诉人姬义犯抢劫罪改判死刑，缓期二年执行，剥夺政治权利终身，并处没收个人全部财产。

本判决即为核准以抢劫罪判处上诉人谢辉死刑，缓刑二年执行，剥夺政治权利终身，并处没收个人全部财产的刑事判决。

对上诉人刘伟以抢劫罪判处死刑的判决依法报请最高人民法院核准。

最高人民法院依法核准了对被告人刘伟的死刑判决。

二、主要问题

被告人刘伟带领公安人员抓捕同案犯过程中,未对同案犯住处及其本人进行指认,且公安机关是在当地警方和相关人员协助下抓获同案犯,刘伟的行为是否构成重大立功?

三、裁判理由

本案是一起抢劫杀人案件,事实清楚,证据确实、充分。在审理过程中,存在争议的问题是被告人刘伟的行为是否构成重大立功。对此,有两种不同意见:

一种意见认为,刘伟归案后带领公安人员到同案被告人姬义住处,后将姬义抓获归案,刘伟的行为构成重大立功。

另一种意见认为,刘伟在整个抓捕姬义过程中,既未对姬义住处进行指认,亦未对姬义本人进行指认和辨认,公安机关是在当地警方和相关人员协助下抓获的姬义,刘伟的行为不构成重大立功。

笔者同意后一种意见,即刘伟不构成重大立功,具体理由如下:

根据《最高人民法院关于处理自首和立功具体应用法律若干问题的解释》(以下简称《解释》)第五条、第七条的规定,犯罪分子到案后协助司法机关抓捕其他犯罪嫌疑人(包括同案犯)的构成立功,其中抓获重大犯罪嫌疑人构成重大立功。所谓重大犯罪嫌疑人,一般是指犯罪嫌疑人、被告人可能被判处无期徒刑以上刑罚或者在本省、自治区、直辖市或者全国范围内有较大影响等情形。我国刑法所确立的立功制度和对立功犯从宽处罚的原则,具有重大的意义:一方面,可以激励犯罪分子悔过自新,重新做人,使其能以较为积极的态度协助司法机关工作,提高司法机关办案的效率,节省司法资源;另一方面,可以有效地瓦解犯罪势力,促使其他犯罪分子主动归案,减少因犯罪分子留在社会上而对社会构成的潜在威胁。司法实践中,对已到案的犯罪分子协助司法机关抓捕其他犯罪嫌疑人,构成立功的,要把握三个条件:一是确实有协助抓捕的必要;二是客观上有协助司法机关抓捕其他犯罪嫌疑人的具体行为;三是协助行为对抓捕其他犯罪嫌疑人确实起到了作用。犯罪分子到案后如实交代了同案犯姓名、住址、体貌特征(如面部疤痕、肢体残疾等)基本情况,或者犯罪前、犯罪过程中掌握的同案犯联系方式(如手机号、QQ号等)、藏匿地址,公安机关据此抓捕同案犯的,该情形属于如实交代基本犯罪事实的范畴,不能认定为立功。协助抓捕其他犯罪嫌疑人的具体行为,包括按照司法机关的安排诱捕其他犯罪嫌疑人,带领公安人员抓捕其他犯罪嫌疑人,并当场指认其他犯罪嫌疑人等。审查判断协助抓捕行为是否构成立功,关键是审查该协助行为对司法机关抓捕其他犯罪嫌疑人是否确实起到了作用,如通过诱捕,抓获其他犯罪嫌疑人,或者带领公安人员抓捕其他犯罪嫌疑人,并当场指认其他犯罪嫌疑人的,就属于起到了协助作用,应认定为立功。反之,被诱捕的同案犯没有上钩;带领公安人员抓捕其他犯罪嫌疑人,没有抓到,公安机关通过其他途径抓获的其他犯罪嫌疑人,则属于没有起到协助抓捕作用,不应认定为立功。

在本案中,现有证据显示,谢辉、刘伟被抓获后分别交代了伙同姬义抢劫杀害董宝玲的犯罪事实,且谢辉先于刘伟交代,并交代出姬义案发前在廊坊火车站附近开小卖部,并在火车站附近铁锋旅馆租了一间房与其女友长期居住、生活,且姬义右手缺失。刘伟、谢辉交代同案犯姬义的基本情况包括姓名、住址、身体特征等属于坦白交代基本犯罪事实,仅表明其二人认罪态度好,不属于立功的范畴。关于这一点,不存在争议。本案争议的焦点在于,公安人员考虑到刘伟对当地相对较熟,为确保顺利抓获姬义,必要时可由刘伟对姬义及姬义住处予以指认。为此,押解刘伟到河北省廊坊市,但按照二人供述找到铁锋旅馆后,刘伟却说不出姬义具体的房间号,公安人员找到当地站前派出所民警配合抓捕,并从旅馆负责人处得知,有一缺少右臂男子在旅馆9号房间与其对象一起租住,公安人员在该房间将姬义当场抓获,且在该房间内当场搜出被抢联想笔记本电脑,整个抓捕过程中刘伟并未下车对姬义住处及其本人进行指认。以上事实可以看出,公安人员虽然押解刘伟到了抓捕现场,但却是在当地警方和相关人员帮助下找到并抓获姬义,刘伟对抓获姬义没有起到更实质性的作用,其行为不属于协助司法机关抓捕同案犯,天津市高级人民法院认定刘伟的行为不构成重大立功是适当的。

综上,审查已到案被告人协助司法机关抓捕其他犯罪嫌疑人(包括同案犯),不仅要凭公安机关出具的抓获经过等证明材料作出判断,而且还应结合全部在案证据,认真、仔细分析研究,如已到案全部被告人的供述,尤其是第一次供述是否如实交代了同案犯的姓名、住址、联系方式、身体特征等基本情况,协助抓捕的具体行为,重点审查协助行为对抓捕其他犯罪嫌疑人(包括同案犯)是否确实起到了帮助作用,对其行为是否构成立功作出全面的分析、客观公正的认定,从而对其作出罚当其罪的判决,真正做到不枉不纵。

(撰稿:天津市高级人民法院　李宏捷
审编:最高人民法院刑一庭　薛淑兰)

[第713号]

冯绍龙等强奸案

——被告人亲属协助公安机关抓获其他犯罪嫌疑人的,不认定为立功

一、基本案情

被告人冯绍龙,男,1990年9月23日出生,汉族,大专文化,无业。因涉嫌犯强奸罪于2009年12月9日被逮捕。

被告人余乐峰,男,1986年10月29日出生,汉族,大专文化,学生。因涉嫌犯强奸罪于2009年12月9日被逮捕。

被告人于明,男,1989年6月30日出生,汉族,高中文化,无业。因涉嫌犯强奸罪于2009年12月9日被逮捕。

江西省南昌市高新技术产业开发区人民检察院以被告人于明犯强奸罪,向南昌市高新技术产业开发区人民法院提起公诉。

南昌市高新技术产业开发区人民法院经不公开审理查明:

2009年11月7日21时许,被告人冯绍龙、余乐峰、于明经预谋将被害人王某带至旅馆内,三人以暴力、威胁手段先后将王某强行奸淫。案发后,冯绍龙协助公安机关将于明抓获。

另查明,被告人于明在被羁押期间,向看守所民警反映其同乡于君雄系网上在逃人员,于君雄经常在江西省九江市、景德镇的宾馆居住,有时也会回江西省都昌县狮山乡老屋村的家中住宿。于明的父亲于承春得知该情况后,与其他亲属经多方打听、跟踪,于

2010年2月26日协助公安机关在江西省都昌县万户镇将于君雄抓获归案。

南昌市高新技术产业开发区人民法院认为,被告人冯绍龙、余乐峰、于明违背妇女意志,采取暴力、胁迫手段强行与妇女发生性关系的行为已构成强奸罪。公诉机关指控的罪名成立。并且三被告人在同一时间段内,对同一妇女连续、轮流实施奸淫,属刑法第二百三十六条第三款第四项规定的“二人以上轮奸”。于明向公安机关反映的犯罪嫌疑人于君雄的线索并不具体、准确,于明亲属亦不是依据该线索协助公安人员将于君雄抓获,抓获地点与于明提供的地点并不一致,于明不符合立功的主体条件,不构成立功,但可对其酌情从轻处罚。被告人冯绍龙协助公安机关抓获同案犯,具有立功表现,可减轻处罚。依照《中华人民共和国刑法》第二百三十六条第三款第四项、第二十五条第一款、第六十八条第一款,《最高人民法院关于处理自首和立功具体应用法律若干问题的解释》第五条之规定,判决如下:

1. 被告人冯绍龙犯强奸罪,判处有期徒刑九年零十一个月。

2. 被告人余乐峰犯强奸罪,判处有期徒刑十年零一个月。

3. 被告人于明犯强奸罪,判处有期徒刑十年。

一审宣判后,被告人余乐峰、于明提出上诉。余乐峰提出尚未奸入,应认定强奸未遂的上诉理由;于明提出其提供其他案件在逃嫌疑人的信息,配合公安机关将嫌疑人抓获,具有立功表现,请求从轻处罚的上诉理由。

江西省南昌市中级人民法院二审认为,原判认定的事实清楚,证据确实、充分,定罪准确,量刑适当。审判程序合法。依照《中华人民共和国刑事诉讼法》第一百八十九条第一项之规定,裁定驳回上诉,维持原判。

二、主要问题

被告人亲属为使被告人获得从轻或减轻处罚的机会，应司法机关的要求或主动向司法机关提出，协助司法机关抓获其他犯罪嫌疑人的，能否认定为被告人立功？

三、裁判理由

司法实践中，被告人亲属为使被告人获得从轻或减轻处罚的机会，应司法机关的要求或主动向司法机关提出协助司法机关抓获其他犯罪嫌疑人的现象比较常见，这种情况能否认定为被告人立功？刑法和《最高人民法院关于处理自首和立功具体应用法律若干问题的解释》（以下简称《解释》）中均没有明确规定，以致实践中处理各不相同，导致立功制度在实践中有被滥用的趋向。为此，最高人民法院于2010年12月在《关于处理自首和立功若干具体问题的意见》（以下简称《意见》）第四条第三款规定："犯罪分子亲友为使犯罪分子'立功'，向司法机关提供他人犯罪线索、协助抓捕犯罪嫌疑人的，不能认定为犯罪分子有立功表现。"明确了此类情形不能认定为被告人的立功。本案审理时，因《意见》尚未出台，因而在审理中有多种不同意见，理论界亦存在多种不同观点：第一种意见认为，因被告人亲属代为立功从客观上有助于一些案件的侦破，提高了司法效率，为鼓励这种对社会有益的行为，可认定为被告人立功。第二种意见认为，因被告人本身未亲自实施协助公安机关的行为，不具备立功的主体资格，且其亲属代为立功不能体现被告人的悔罪态度，故不能认定被告人立功。第三种意见认为，虽然不能认定被告人立功，但鉴于被告人亲属的行为确实有助于公安机关破案，是可资鼓励的行为，故对被告人可酌情从轻处罚。我们同意第三种意见，但同时认为对被告人从轻处罚需具备一定的条件。下面笔者从法律解释方法的角度对这一问题进行阐述：

（一）运用历史解释法，从立功制度的法律沿革中看，均不将被告人亲属代为立功的行为认定为被告人的立功

关于立功制度，我国1979年刑法第六十三条规定："犯罪以后自首的，可以从轻处罚。其中，犯罪较轻的，可以减轻或者免除处罚；犯罪较重的，如果有立功表现，也可以减轻或者免除处罚。"当时的立功是与自首结合在一起，将功赎过要以自首为前提。可见，当时的法律和刑事政策对将功赎过限制严格。随着"严打"的展开，为惩治犯罪，鼓励更多的犯罪分子揭发检举，1984年"两高一部"联合发布了《关于当前处理自首和有关问题具体应用法律的解答》（以下简称《解答》），其中规定了什么情况可构成立功："立功通常是指通过犯罪分子揭发检举其他犯罪分子的重大罪行得到证实的，或者提供重要线索、证据，从而得以侦破其他重大案件的，或者协助司法机关缉捕其他罪犯的。检举揭发其他犯罪分子较多的一般罪行，或者犯罪线索，经查证属实的，也应视为立功。"同时规定，没有自首只有立功的，可视情况从宽处理。《解答》对立功的规定较以前有了更强的可操作性，强调揭发检举的须是他人的重大犯罪才可构成立功，若为一般犯罪要具备"较多"这一数量条件。更重要的是明确了单独立功亦可从宽处罚。《解答》反映了当时为加大惩治犯罪力度，鼓励犯罪分子揭发检举的刑事政策，但对立功要求仍然较为严格。刑法第六十八条第一款正式确定了独立于自首的立功制度："犯罪分子有揭发他人犯罪行为，查证属实的，或者提供重要线索，从而得以侦破其他案件等立功表现的，可以从轻或者减轻处罚；有重大立功表现的，可以减轻或者免除处罚。"1998年最高人民法院又出台了《解释》，具体规定了立功的几种情形，包括：揭发检举他人犯罪行为，经查证属实的；阻止他人犯罪活动；协助司法机关抓捕其他犯罪嫌疑人的；具有其他有利于国家和社会的突出表现的，应当认定为有立功表现。《解释》规定的立功情形更加具体、明确，不再要求揭发检举须是他人重大犯罪或

较多一般犯罪,降低了立功的门槛,还将“具有其他有利于国家和社会的突出表现”规定在内,这些变化都表明了鼓励犯罪分子将功赎过,并以揭发检举犯罪等以外的多种形式争取立功,体现对立功形式多样化的认可。此后,因司法实践中存在多种多样的争取立功的形式,为统一标准,规范量刑情节,2009年最高人民法院、最高人民检察院联合出台的《关于办理职务犯罪案件认定自首、立功等量刑情节若干问题的意见》(以下简称《职务意见》)中明确规定了立功必须是犯罪分子本人实施的行为,亲友代为实施的,不应认定为犯罪分子的立功表现;同时,对立功线索来源作出限制性规定,明确以非法手段或途径获取的以及因职务获取的等均不能认定为立功。

综观我国刑事立法、司法解释关于立功的规定,不难解读在宽严相济的刑事政策下,国家鼓励犯罪分子以多种有益于国家、社会的方式积极立功,争取宽大处理。同时,在结合司法实践经验的基础上,为避免或减少不正当立功形式的出现,实现立功制度的公正性,严格限制立功的成立要件,更加注重立功的正当性和亲力性。在此情况下,被告人亲属代为立功的,因被告人未亲自实施立功行为,不具备亲力性,认定其立功缺乏正当性依据,不能认定被告人立功成为应有之义。

(二)从法律的当然解释和系统解释来分析,也不应认定为被告人的立功

所谓当然解释,是根据通常人按照公认的人类理性或某一学科的理论进行推论,对法律条款只能得出这样一个当然的理解。《解释》第五条规定:“……犯罪分子到案后有检举、揭发他人犯罪行为……提供侦破其他案件的重要线索……协助司法机关抓捕其他犯罪嫌疑人(包括同案犯)……的,应当认定有立功表现。”该条款文字很明确地表述了不论立功的形式如何,其主体就是犯罪分子,而非他人(包括被告人的亲属)。通过当然解释,不论是民众

还是法官都不应对该问题再产生歧义。这样的结论也符合明示其一即排斥其他的规则。

另外,按照系统解释,尽管现行刑法和《解释》中没有关于本案问题的规定,但是《职务意见》中明确了被告人亲属代为立功的,不能认定为被告人立功。尽管《职务意见》适用范围是职务犯罪案件,但根据刑事法律体系的贯通性和一致性,可借助《职务意见》的规定对普通刑事案件中存在的同样法律问题进行系统解释,自然可得出被告人亲属代为立功的行为不能认定为被告人立功这一结果。

(三)从立功制度的立法目的看,也不应认定为被告人的立功

本案审理时,既然现行刑法和《解释》均没有规定亲属代为立功的情形,因此,我们不妨运用目的解释法来对该问题进行检验。首先我们要明确立功制度的立法目的,再将该问题放在立法目的之下进行衡量,根据问题是否与立法目的相符,来作出相应的判断。但法律通常不限于一个立法目的,这就要在多个立法目的之间寻求平衡,才能实现价值的最大化。我们知道立功制度的立法目的亦是多重的,其中最主要的是提高司法机关的办案效率、分化瓦解犯罪,以及通过立功减轻刑罚,促使犯罪分子悔罪并改过自新这两个目的。从提高司法机关的办案效率、瓦解犯罪这一立法目的出发,无论是被告人亲自揭发检举或协助抓捕的行为,还是被告人亲属的协助行为都应当受到鼓励和支持。但是如果将被告人亲属的行为认定为被告人立功,因被告人本人无须付出任何努力就可获得立功进而获得较轻的刑罚,长此以往,一定无法实现促使犯罪分子真心悔罪并改过自新这一立法目的。那么如何能将这两个立法目的有效地结合起来,做到两全其美呢?第三种意见恰恰可以解决该问题。被告人亲属代为立功的行为,虽然不能认定为被告人的行为,但在具备一定条件时,可酌情对被告人从轻处罚。不认定被告人立功,就避免违背促进犯罪分子真心悔

罪这一立法目的;在具备一定条件时,可酌情对被告人从轻处罚,这样即使未认定被告人立功,但因其亲属代为立功的行为同样可为其带来从轻处罚的结果时,就会鼓励被告人亲属多立功,同样可实现提高司法机关的办案效率、分化瓦解犯罪的立法目的。

(四)被告人亲属代为立功后,对被告人从轻处罚须具备的条件

需要注意的是,不是所有被告人亲属代为立功的都可以对被告人从轻处罚,我们认为需具备以下条件:(1)被告人亲属的立功结果是基于被告人提供的线索或者相关信息,也就是说,被告人亲属之所以能够提供其他案件的重要线索或者能协助司法机关抓获其他犯罪嫌疑人,与被告人提供信息有关;(2)被告人及其亲属在获取线索来源及亲属在代为立功过程中,不能通过非法手段或有违法行为。如此,在亲属代为立功过程中,要求被告人必须在某种程度上亲自参与,这是对其从轻处罚的前提;代为立功的整个过程具备合法性是对被告人从轻处罚的法定条件。如果被告人亲属为使被告人获得从轻处罚,而单方面地代为立功,因被告人并未参与,不能体现出被告人主观上是否有悔罪表现,故不能对被告人从轻处罚;或者被告人及其亲属的立功线索或机会系采取非法手段获得的,根据《意见》第四条的规定,也不能认定被告人的行为系立功,不能据此对被告人从轻处罚。

结合本案,被告人于明的父亲根据于明提供的在逃犯的藏匿地点,经过多方打听和跟踪,最终确定了在逃犯的确切地点,从而协助公安机关将其抓获归案。因于明只提供了在逃犯可能的藏匿地点,其提供的地点并不具体、明确,对公安机关直接抓捕在逃犯不具有实际意义,故其提供在逃犯的线索本身不能算是协助抓捕,无法构成立功。但其父亲根据该线索经过进一步努力,锁定了在逃犯的藏匿地点,并协助公安机关将在逃犯抓

获,于明及其父亲的行为客观上节省了司法资源,并且对国家、社会是有益的,故应该得到鼓励和支持。一、二审法院基于上述考虑,作出了虽然未认定于明立功,但可对其酌情从轻处罚的裁判结果。这一裁判结果与之后最高人民法院出台的《意见》的规定是一致的。

（撰稿:最高人民法院刑一庭　张　眉
审编:最高人民法院刑一庭　薛淑兰）

[第714号]

杨彦玲故意杀人案

——如实供述自己所参与的对合型犯罪中对方的犯罪行为,不构成立功

一、基本案情

被告人杨彦玲,女,汉族,1974年7月17日出生于陕西省三原县,初中文化,农民,住三原县渠岸乡兴隆村4组。2007年12月7日因涉嫌犯故意杀人罪被监视居住,次日被刑事拘留,2008年1月7日被逮捕。

陕西省咸阳市人民检察院以被告人杨彦玲犯故意杀人罪,向陕西省咸阳市中级人民法院提起公诉。

被告人杨彦玲对起诉书指控其投放重金属铊实施故意杀人的主要犯罪事实无异议。其辩护人提出,公安人员在讯问杨彦玲重金属铊的来源时,杨供述在上互联网时看到卖铊人的电话并取得联系,对方告之银行账号和户名,其通过银行汇款的方式购买。公安人员调出杨彦玲的银行汇款凭条,根据凭条记载信息将卖铊给杨彦玲的犯罪嫌疑人唐明才抓获。后唐明才因犯非法买卖危险物质罪被司法机关另案处理。因此,杨彦玲的行为构成立功,可以从轻处罚。

咸阳市中级人民法院经公开审理查明:被告人杨彦玲通过互联网得知重金属铊可致人伤害、死亡,想到其经常因家庭琐事遭丈

夫白建平殴打,遂产生用铊报复白建平之念。2007年3月,杨彦玲根据互联网上的信息,通过银行汇款方式邮购到硫酸铊。2007年6月,杨彦玲利用给白建平拿饮料之机,向饮料中放入硫酸铊,白建平饮用少许后,白建平前妻之子白航将剩余饮料喝完。7月17日,白航出现双足背痛、腹泻症状被送医院治疗,8月29日不治死亡。11月10日,杨彦玲又向白建平饮用的豆浆中放入硫酸铊,白建平饮用后二三日内未出现中毒症状,杨彦玲遂再次向白建平饮用的豆浆中放入硫酸铊被白饮用。11月22日,白建平出现远足端麻木、剧痛症状被送医院治疗,11月29日不治死亡。经鉴定,白建平、白航均系重金属铊中毒死亡。

咸阳市中级人民法院认为,被告人杨彦玲多次故意采用投毒手段杀害丈夫白建平及继子白航,其行为已构成故意杀人罪。杨彦玲主观恶性深,罪行极其严重,应依法严惩。杨彦玲为公安机关提供线索抓获唐明才的行为不构成立功。因杨彦玲的犯罪行为给附带民事诉讼原告人孙艳莉造成的经济损失,应依法予以赔偿,赔偿项目及数额应依法确定。依照《中华人民共和国刑法》第二百三十二条、第五十七条第一款、第三十六条,《中华人民共和国民法通则》第一百一十九条及《最高人民法院关于审理人身损害赔偿案件适用法律若干问题的解释》第二十一条、第二十二条、第二十三条、第二十七条、第二十九条之规定,判决如下:

1. 被告人杨彦玲犯故意杀人罪,判处死刑,剥夺政治权利终身。

2. 被告人杨彦玲赔偿附带民事诉讼原告人孙艳莉经济损失人民币231 507.5元。

宣判后,被告人杨彦玲上诉提出,其向公安机关如实交代了从唐明才处购买重金属铊的事实,公安机关根据其供述的线索抓获唐明才,构成立功,请求二审予以从轻处罚。

陕西省高级人民法院经公开审理认为,被告人杨彦玲采用投毒手段杀害丈夫白建平,在继子白航饮用白建平服剩的有毒饮料时不予制止,且在医院救治白航时隐瞒真相不报,致白航中毒死亡,其行为已构成故意杀人罪,犯罪手段残忍,后果严重,应依法予以惩处。杨彦玲在侦查阶段对于重金属铊的来源、购买方式、汇款地点的供述系如实交代自己的犯罪行为,所涉及的内容均属本案相关犯罪事实,故其行为不构成立功。原判认定事实清楚,证据确实、充分,定罪准确,量刑适当,审判程序合法。依照《中华人民共和国刑事诉讼法》第一百八十九条第一项、第一百九十九条之规定,裁定驳回上诉,维持原判,并依法报请最高人民法院核准。

最高人民法院复核认为,被告人杨彦玲因家庭矛盾,报复投毒,致无辜儿童死亡后再次投毒杀夫,其行为已构成故意杀人罪。犯罪性质恶劣,情节、后果特别严重,社会危害性大,应依法惩处。第一审判决、第二审裁定认定的事实清楚,证据确实、充分,定罪准确,量刑适当,审判程序合法。依照《中华人民共和国刑事诉讼法》第一百九十九条和《最高人民法院关于复核死刑案件若干问题的规定》第二条第一款的规定,裁定如下:

核准陕西省高级人民法院(2009)陕刑三终字第4号维持第一审对被告人杨彦玲以故意杀人罪判处死刑,剥夺政治权利终身的刑事裁定。

二、主要问题

犯罪分子如实供述自己所参与的对合型犯罪中对方的犯罪行为,从而为司法机关提供线索并得以侦破其他案件,是否构成立功?

三、裁判理由

本案在审理过程中,就被告人杨彦玲的行为是否构成立功产生了两种不同意见:第一种意见认为,构成立功,理由是:杨彦玲交代了唐明才非法买卖危险物质的犯罪事实,且该犯罪事实已经查证属实,案件得以侦破并另案处理,杨彦玲具有立功的法定情节。第二种意见认为,不构成立功,理由是:唐明才在互联网上非法卖铊的行为与杨彦玲买铊的行为系对合型犯罪。杨彦玲买铊的行为属于故意杀人预备,其在如实供述故意杀人全部犯罪事实的过程中交代了唐明才的犯罪事实。该供述系杨彦玲的法定义务,属于必须交代的事实,因此,不能认定为立功。三级法院均采纳了第二种意见,具体理由分析如下:

(一)关于立功的法定情节

犯罪分子哪些行为构成立功,必须要有法律的明确规定。刑法第六十八条第一款"犯罪分子有揭发他人犯罪行为,查证属实的,或者提供重要线索,从而得以侦破其他案件等立功表现的……"是对立功的规定。《最高人民法院关于处理自首和立功具体应用法律若干问题的解释》(以下简称《解释》)第五条对刑法的上款规定作了合目的性的扩充解释,规定:"……犯罪分子到案后有检举、揭发他人犯罪行为,包括共同犯罪案件中的犯罪分子揭发同案犯共同犯罪以外的其他犯罪,经查证属实;提供侦破其他案件的重要线索,经查证属实;阻止他人犯罪活动;协助司法机关抓捕其他犯罪嫌疑人(包括同案犯);具有其他有利于国家和社会的突出表现的,应当认定为有立功表现。"司法实务中认定犯罪分子是否具有立功情节,应当以上述法律规定为具体依据。

(二)杨彦玲如实供述自己所参与的对合型犯罪中对方的犯罪行为,不构成立功

在本案中,被告人杨彦玲向司法机关如实交代了自己上互联网时看到唐明才出售重金属铊的信息,并通过银行汇款的方式买铊杀人的全部过程。司法机关根据杨彦玲的交代,找到其汇款的银行,提取到汇款凭条,并根据凭条上的收款人姓名和地址,抓获了涉嫌犯非法买卖危险物质罪的唐明才,唐明才被依法另案处理。杨彦玲交代的关于唐明才通过互联网出售重金属铊以及汇款银行、汇款凭条的内容,初看有可能符合以下的立功规定:(1)检举、揭发他人犯罪行为,经查证属实;(2)提供侦破其他案件的重要线

索,经查证属实;(3)协助司法机关抓捕其他犯罪嫌疑人。如果杨彦玲的交代符合以上三条规定之一,就应当认定其具有立功情节。杨彦玲及其辩护人也提出了杨彦玲构成立功的辩护意见。

但在本案中,被告人杨彦玲购买铊的行为和唐明才通过互联网出售铊的行为属于对合型犯罪,且杨彦玲购买铊的行为系其实施故意杀人的犯罪预备。杨彦玲如实供述了犯罪预备阶段自己所参与的对合型犯罪中对方的犯罪行为,属于其法定义务,因此,不构成立功。

1. 被告人杨彦玲购买铊和唐明才出售铊的行为属于对合型犯罪

对合型犯罪又称对合犯、对向犯,是指某一犯罪的实施或完成必须基于行为双方之间的对应行为,双方互为实现特定犯罪构成的必要条件。对合型犯罪分为三种情形:一是双方的罪名与法定刑相同,如重婚罪;二是双方的罪名与法定刑都不相同,如行贿罪和受贿罪、拐卖妇女罪与收买被拐卖的妇女罪;三是只处罚一方的行为(片面的对合犯),如贩卖淫秽物品牟利罪,只处罚贩卖者,不处罚购买者。对于该种情形,立法者一般是考虑到对应的两方行为具有定型性、通常性,其中一方的行为需要用刑罚惩罚,而另一方的行为不具有可罚性,因而只规定了一方的行为构成犯罪。另一方的行为虽然未规定为犯罪,但通常也不具有合法性。

本案中,被告人杨彦玲购买铊和唐明才出售铊互为必要条件。唐明才通过互联网面向社会不特定公众出售铊,危害了公共安全,其行为触犯了非法买卖危险物质罪。杨彦玲买铊只是为了杀害其丈夫,没有危害公共安全,因而未触犯相同罪名。但在行为性质上,出售行为和购买行为仍相互依存,具有对合性。

2. 被告人杨彦玲如实供述自己所参与的对合型犯罪中对方的犯罪行为,系其法定义务

依照刑事诉讼法第九十三条的规定,犯罪嫌疑人对侦查人员

的提问,应当如实回答。但是对与本案无关的问题,有拒绝回答的权利。根据该条规定,犯罪嫌疑人对与案件相关的问题都有如实回答的义务。这些相关问题涵盖了犯罪预备阶段和犯罪实行阶段,包括了所有可能对犯罪嫌疑人(被告人)定罪量刑产生影响的情节,如实施犯罪的时间、地点、同案人、犯罪动机、犯罪手段、犯罪后果等要素内容,都属于犯罪嫌疑人必须交代的问题,以利于司法机关准确认定犯罪事实,做到定罪准确,量刑适当。

在对合型犯罪中,参与犯罪的一方如实供述自己的犯罪行为系其法定义务。由于对合型犯罪的特殊性,其供述必然包含了另一方的犯罪行为。反之,一方若不想供述另一方的犯罪行为,就至少必须隐瞒自身的部分犯罪事实,因而违反了如实供述的法定义务。

本案中,关于重金属铊的来源、汇款对象和联络方式、汇款的银行、汇款凭条均属于被告人杨彦玲实施故意杀人犯罪预备过程中发生的事实,也是证明杨彦玲投毒杀死白航、白建平的关键证据,所涉及的问题均属于杨彦玲应当交代的内容。在公安机关讯问时,杨彦玲供述,她从互联网上看到有人出售铊并留有联系电话,便与出售人通过电话达成买卖交易。对方给她留下了农业银行的存款账户和账号。她遂通过三原县农业银行东环路分理处给对方存了买铊款,对方通过邮局寄来了铊。现在她已记不清对方的姓名和银行账号。虽然杨彦玲同时提供了其汇款购买硫酸铊的银行账号等线索,但属于杨彦玲如实供述自己犯罪事实必然涉及的内容,系杨彦玲的法定义务,而非与本案犯罪事实无关的提供立功线索的行为。

3. 被告人杨彦玲如实供述自己所参与的对合型犯罪中对方的犯罪行为,不属于立功情节

首先,被告人杨彦玲的如实供述不属于"检举、揭发他人犯罪行为"或"提供侦破其他案件的重要线索"。这两种立功情节均要

求犯罪分子交代的内容独立于本人所实施的犯罪,所以法律规定着重强调是“他人犯罪行为”、“其他案件”。在对合型犯罪中,参与者双方的行为均系对方行为成立的必要条件,一方交代自己的犯罪事实必然包含了对方的犯罪事实;同样,交代对方的犯罪事实也必然包含了自己的犯罪事实。这种互相包含的必然性决定了犯罪分子的供述必然属于与自己实施的犯罪相关的问题,换言之,也就是交代的对方的行为不属于“他人犯罪行为”或“其他案件的重要线索”。杨彦玲交代了购买铊的经过以及汇款的银行,并辨认了汇款凭条的内容,这些供述确实揭发了唐明才涉嫌犯非法买卖危险物质罪的事实和线索,但同时这些供述内容也属于杨彦玲自己实施故意杀人犯罪预备的一部分,并非单独的立功情节。

其次,被告人杨彦玲的如实供述在线索来源上不具有正当性。《最高人民法院关于处理自首和立功若干具体问题的意见》(以下简称《意见》)第四条关于立功线索来源的具体认定,从立功制度的初衷(一方面反映出犯罪分子的人身危险性较低,另一方面客观上有利于案件侦破)出发,对立功线索的来源作了必要的限制,对于以下几种途径获取的他人犯罪线索,均不能认定为立功:(1)通过贿买、暴力、胁迫等非法手段获取的线索;(2)被羁押后与律师、亲友会见过程中违反监管规定获取的线索;(3)本人以往查办犯罪职务活动中掌握的线索;(4)从负有查办犯罪、监管职责的国家工作人员处获取的线索。根据该条规定的精神,犯罪分子检举、揭发自己所参与的对合型犯罪中对方的行为的,因为线索来源上不具有正当性,因此,也不能认定为立功。杨彦玲购买铊的行为在客观上对于唐明才出售铊的行为起到了帮助作用,即使不属于犯罪,也应当认定不具有正当性,对于杨彦玲通过该种行为而获知“唐明才的犯罪事实和线索”,不能认定为立功。

最后,被告人杨彦玲的行为也不属于“协助抓获其他犯罪嫌疑人”。《意见》第五条关于“协助抓捕其他犯罪嫌疑人”的具体认定,规定了四种可认定为协助抓捕的情形,分别是:(1)按照司法机关的安排,以打电话、发信息等方式将其他犯罪嫌疑人(包括同案犯)约至指定地点的;(2)按照司法机关的安排,当场指认、辨认其他犯罪嫌疑人(包括同案犯)的;(3)带领侦查人员抓获其他犯罪嫌疑人(包括同案犯)的;(4)提供司法机关尚未掌握的其他案件犯罪嫌疑人的联络方式、藏匿地址的。杨彦玲交代了汇款的银行并且辨认汇款凭条无误,但是,这些内容均属于杨彦玲所涉嫌案件犯罪事实的一部分,也是其应当供述的内容。公安机关并没有要求杨彦玲协助抓获唐明才,客观上杨彦玲也没有提供协助,因而杨彦玲不具有"协助抓获其他犯罪嫌疑人"的情节。

综上,犯罪分子如实供述自己所参与的对合型犯罪中对方的犯罪行为,不构成立功。

(撰稿:最高人民法院刑一庭　唐俊杰
陕西省高级人民法院　王　磊
审编:最高人民法院刑一庭　薛淑兰)

【刑事立法、司法规范】

全国人民代表大会
中华人民共和国刑法(节录)

第一编　总　　则

第四章　刑罚的具体运用

第三节　自首和立功

第六十七条　犯罪以后自动投案，如实供述自己的罪行的，是自首。对于自首的犯罪分子，可以从轻或者减轻处罚。其中，犯罪较轻的，可以免除处罚。

被采取强制措施的犯罪嫌疑人、被告人和正在服刑的罪犯，如实供述司法机关还未掌握的本人其他罪行的，以自首论。

第六十八条　犯罪分子有揭发他人犯罪行为，查证属实的，或者提供重要线索，从而得以侦破其他案件等立功表现的，可以从轻或者减轻处罚；有重大立功表现的，可以减轻或者免除处罚。

最高人民法院
关于处理自首和立功具体应用法律若干问题的解释

（1998年4月6日由最高人民法院审判委员会
第972次会议通过，同日公布，自1998年5月9日起施行）
法释〔1998〕8号

为正确认定自首和立功，对具有自首或者立功表现的犯罪分子依法适用刑罚，现就具体应用法律的若干问题解释如下：

第一条 根据刑法第六十七条第一款的规定，犯罪以后自动投案，如实供述自己的罪行的，是自首。

（一）自动投案，是指犯罪事实或者犯罪嫌疑人未被司法机关发觉，或者虽被发觉，但犯罪嫌疑人尚未受到讯问、未被采取强制措施时，主动、直接向公安机关、人民检察院或者人民法院投案。

犯罪嫌疑人向其所在单位、城乡基层组织或者其他有关负责人员投案的；犯罪嫌疑人因病、伤或者为了减轻犯罪后果，委托他人先代为投案，或者先以信电投案的；罪行未被司法机关发觉，仅因形迹可疑被有关组织或者司法机关盘问、教育后，主动交代自己的罪行的；犯罪后逃跑，在被通缉、追捕过程中，主动投案的；经查实确已准备去投案，或者正在投案途中，被公安机关捕获的，应当视为自动投案。

并非出于犯罪嫌疑人主动，而是经亲友规劝、陪同投案的；公安机关通知犯罪嫌疑人的亲友，或者亲友主动报案后，将犯罪嫌疑人送去投案的，也应当视为自动投案。

犯罪嫌疑人自动投案后又逃跑的，不能认定为自首。

（二）如实供述自己的罪行，是指犯罪嫌疑人自动投案后，如实交代自己的主要犯罪事实。

犯有数罪的犯罪嫌疑人仅如实供述所犯数罪中部分犯罪的，只对如实供述部分犯罪的行为，认定为自首。

共同犯罪案件中的犯罪嫌疑人，除如实供述自己的罪行，还应当供述所知的同案犯，主犯则应当供述所知其他同案的共同犯罪事实，才能认定为自首。

犯罪嫌疑人自动投案并如实供述自己的罪行后又翻供的，不能认定为自首，但在一审判决前又能如实供述的，应当认定为自首。

第二条 根据刑法第六十七条第二款的规定，被采取强制措施的犯罪嫌疑人、被告人和已宣判的罪犯，如实供述司法机关尚未掌握的罪行，与司法机关已掌握的或者判决确定的罪行属不同种罪行的，以自首论。

第三条 根据刑法第六十七条第一款的规定，对于自首的犯罪分子，可以从轻或者减轻处罚；对于犯罪较轻的，可以免除处罚。具体确定从轻、减轻还是免除处罚，应当根据犯罪轻重，并考虑自首的具体情节。

第四条 被采取强制措施的犯罪嫌疑人、被告人和已宣判的罪犯，如实供述司法机关尚未掌握的罪行，与司法机关已掌握的或者判决确定的罪行属同种罪行的，可以酌情从轻处罚；如实供述的同种罪行较重的，一般应当从轻处罚。

第五条 根据刑法第六十八条第一款的规定，犯罪分子到案后有检举、揭发他人犯罪行为，包括共同犯罪案件中的犯罪分子揭发同案犯共同犯罪以外的其他犯罪，经查证属实；提供侦破其他案件的重要线索，经查证属实；阻止他人犯罪活动；协助司法机关抓捕其他犯罪嫌疑人（包括同案犯）；具有其他有利于国家和社会的突出表现的，应当认定为有立功表现。

第六条 共同犯罪案件的犯罪分子到案后，揭发同案犯共同犯罪事实的，可以酌情予以从轻处罚。

第七条 根据刑法第六十八条第一款的规定，犯罪分子有检举、揭发他人重大犯罪行为，经查证属实；提供侦破其他重大案件的重要线索，经查证属实；阻止他人重大犯罪活动；协助司法机关抓捕其他重大犯罪嫌疑人（包括同案犯）；对国家和社会有其他重大贡献等表现的，应当认定为有重大立功表现。

前款所称“重大犯罪”、“重大案件”、“重大犯罪嫌疑人”的标准，一般是指犯罪嫌疑人、被告人可能被判处无期徒刑以上刑罚或者案件在本省、自治区、直辖市或者全国范围内有较大影响等情形。

《关于处理自首和立功具体应用法律若干问题的解释》的理解与适用

孙军工

为充分运用刑事政策，准确适用刑法关于自首和立功的具体规定，最高人民法院于1998年4月17日发布了《关于处理自首和立功具体应用法律若干问题的解释》（以下简称《解释》）。司法实践中应当重点把握以下几个方面的问题：

一、关于自首的认定问题

最高人民法院、最高人民检察院、公安部于1984年4月16日公布的《关于当前处理自首和有关问题具体应用法律的解答》（以下简称《解答》）规定，对于犯罪分子作案后，同时具备自动投案、如实交代自己的罪行、接受审查和裁判这三个条件的，认为是自首。修订后的刑法第六十七条第一款规定，犯罪分子在犯罪后自动投案，如实供述自己的罪行的，是自首。从法律条文的表述来看，犯罪分子在犯罪后如果能够自动投案，并如实供述自己的罪行的，就应当认定为自首，不再要求具备接受审查和裁判这一条件。我们理解，法律之所以没有明确规定接受审查和裁判这一条件，主要是基于两点考虑：一是接受审查和裁判的内容和要求能够通过"自动投案、如实供述自己的罪行"这两个条件明确地体现出来，即已被吸收到这两个条件中来。犯罪分子在犯罪后自动投案并如实供述自己所犯罪行的行为,将要引起的法律后果就是司法机关对行为人的审查和裁判,接受审查和裁判才能说明犯罪分子有悔罪的诚意。如果犯罪分子在投案后又逃跑,逃避司法机关对其审查和裁判的,就不应认定为自首。二是接受审查和裁判这一条件可操作性不强。由于缺乏统一的量化操作标准,实践中不好掌握。因此,这次刑法修改关于自首的条件中虽然没有明确规定"接受审查和裁判",但是在认定自首的问题上,应当将"接受审查和裁判"的有关内容分别规定在"自动投案,如实供述自己的罪行"这两个条件中。因此,《解释》第一条中分别规定,"犯罪嫌疑人自动投案后又逃跑的,不能认定为首","犯罪嫌疑人自动投案并如实供述自己的罪行后又翻供的,不能认定为自首;但在一审判决前又能如实供述的,仍应认定为自首"。

二、关于共同犯罪案件中犯罪分子交代同案犯的问题

《解答》中规定,在认定自首时,要求共同犯罪案件中的犯罪分子还应当交代所知的同案犯,主犯则必须供述所知其他同案犯的罪行。也就是说,从犯应当交代出所知的同案犯,但不要求其必须交代同案犯的罪行;主犯则必须交代其他同案犯的罪行。我们认为,《解答》的规定符合刑法理论,也与司法实践的做法一致,因此,《解释》第一条将其内容吸收过来一并规定。

三、关于刑法第六十七条第二款规定的"其他罪行"的理解问题

在论证过程中,对此问题有不同认识。一种意见认为,被司法机关依法采取强制措施的犯罪嫌疑人、被告人如实供述司法机关尚未掌握的本人的其他同种罪行、非同种罪行的,均应以自首论;另一种意见则认为,对于犯罪嫌疑人、被告人如实供述的同种罪行不能搞"一刀切"都以自首论,所供述的同种罪行应当是相对于司法机关已掌握的罪行而言较重的罪行,才能以自首论。上述两种观点的理由是:"其他罪行"从字面上理解应当包括同种罪行和非同种罪行,而且这样规定有利于犯罪分子主动交代自己的罪行,符合立法原意。经研究,《解释》第二条规定,被采取强制措施的犯罪嫌疑人、被告人和已宣判的罪犯,如实供述司法机关尚未掌握的罪行,与司法机关已掌握的或者判决确定的罪行属不同种罪行的,以自首论。“其他罪行”在这里被限定为“不同种罪行”,这与理论上对判决宣告以前一人犯数罪是指不同种数罪的理解是一致的,也符合侦查工作的实际情况。在司法实践中,被依法采取强制措施的犯罪嫌疑人、被告人往往不清楚自己的罪行已被司法机关掌握了多少,其交代司法机关还未掌握的同种罪行,主要是靠侦查取证等工作。如果“其他罪行”包括同种罪行,则自首的范围太宽,将导致实践中几乎所有的盗窃、抢劫、贪污、受贿等案件都有自首,既不严肃,也使处理案件时,有一部分罪行算自首,有一部分不算自首,不便于执行。那么对于如实供述司法机关还未掌握的本人的同种其他罪行的,不应以自首论处,应当如何适用刑罚呢?《解释》第四条规定:“被采取强制措施的犯罪嫌疑人、被告人和已宣判的罪犯,如实供述司法机关尚未掌握的罪行,与司法机关已掌握的或者判决确定的罪行属同种罪行的,可以酌情从轻处罚;如实供述的同种罪行较重的,一般应当从轻处罚。”

四、关于立功的认定问题

《解释》第五条规定,共同犯罪案件中的犯罪分子揭发同案犯所参与的共同犯罪以外的其他犯罪行为,查证属实的,应当认定为立功。换句话说,共同犯罪案件中的犯罪分子揭发同案犯所参与的共同犯罪的罪行的,不能认定为立功。在论证中,有一种意见认为,最高人民法院于1994年12月20日公布的《关于适用〈全国人民代表大会常务委员会关于禁毒的决定〉的若干问题的解释》第十五条规定,毒品犯罪分子在犯《决定》规定之罪后被司法机关发现并予以审查时,检举、揭发其他毒品犯罪活动或者其他毒品犯罪分子(含同案犯)罪行得到证实的,属于有立功表现,可以从轻、减轻处罚或者免除处罚。这对于打击毒品犯罪活动起到了积极的作用,应当作为一个原则或者特例确定下来。从实际的情况看,如果将揭发同案犯所参与的共同犯罪的罪行认定为立功的话,那么很多共同犯罪案件中都将有立功的问题,而且也不符合刑法理论。司法实践中,应当鼓励犯罪分子立功,放宽认定立功的条件,但不应将立功简单地泛化。而且,单就认定毒品犯罪分子立功而言,这一做法有利有弊,存在不少问题,目前司法实践中对此问题掌握得也十分严格。因此,不宜将揭发同案犯所参与的共同犯罪的罪行认定为立功。对于揭发同案犯所参与的共同犯罪的罪行的,《解释》第六条规定,人民法院可以酌情予以从轻处罚。

五、关于重大立功的认定问题

《解释》第七条将重大立功的认定标准限定得非常严格,即"重大犯罪"、"重大案件"、"重要犯罪嫌疑人",一般是指犯罪嫌疑人、被告人可能被判处无期徒刑以上刑罚或者案件在本省、自治区、直辖市或者全国范围内有较大影响等情形。主要是考虑到《刑法》第六十八条第二款规定,对于"犯罪后自首又有重大立功表现的,应当减轻或者免除处罚",缺少一个"从轻处罚"的量刑档次,而且"应当减轻或者免除处罚"的规定过于绝对,缺乏灵活性。如果不严格限定重大立功的认定标准,对于那些罪行严重应当依法严惩的犯罪分子,由于具有自首和重大立功表现,只能对其"减轻或者免除处罚",就会造成量刑的失衡。当然,如果犯罪嫌疑人、被告人确实符合《刑法》及本《解释》规定的自首和重大立功的条件,则应当严格依法减轻或者免除处罚,而不能机械地强调量刑的平衡,以从轻处罚代替减轻或者免除处罚。

(作者单位:最高人民法院)

最高人民法院
关于处理自首和立功若干具体问题的意见

（2010 年 12 月 22 日　法发〔2010〕60 号）

为规范司法实践中对自首和立功制度的运用，更好地贯彻落实宽严相济刑事政策，根据刑法、刑事诉讼法和《最高人民法院关于处理自首和立功具体应用法律若干问题的解释》（以下简称《解释》）等规定，对自首和立功若干具体问题提出如下处理意见：

一、关于"自动投案"的具体认定

《解释》第一条第一项规定七种应当视为自动投案的情形，体现了犯罪嫌疑人投案的主动性和自愿性。根据《解释》第一条第一项的规定，犯罪嫌疑人具有以下情形之一的，也应当视为自动投案：1. 犯罪后主动报案，虽未表明自己是作案人，但没有逃离现场，在司法机关询问时交代自己罪行的；2. 明知他人报案而在现场等待，抓捕时无拒捕行为，供认犯罪事实的；3. 在司法机关未确定犯罪嫌疑人，尚在一般性排查询问时主动交代自己罪行的；4. 因特定违法行为被采取劳动教养、行政拘留、司法拘留、强制隔离戒毒等行政、司法强制措施期间，主动向执行机关交代尚未被掌握的犯罪行为的；5. 其他符合立法本意，应当视为自动投案的情形。

罪行未被有关部门、司法机关发觉，仅因形迹可疑被盘问、教育后,主动交代了犯罪事实的,应当视为自动投案,但有关部门、司法机关在其身上、随身携带的物品、驾乘的交通工具等处发现与犯罪有关的物品的,不能认定为自动投案。

交通肇事后保护现场、抢救伤者,并向公安机关报告的,应认定为自动投案,构成自首的,因上述行为同时系犯罪嫌疑人的法定义务,对其是否从宽、从宽幅度要适当从严掌握。交通肇事逃逸后自动投案,如实供述自己罪行的,应认定为自首,但应依法以较重法定刑为基准,视情决定对其是否从宽处罚以及从宽处罚的幅度。

犯罪嫌疑人被亲友采用捆绑等手段送到司法机关,或者在亲友带领侦查人员前来抓捕时无拒捕行为,并如实供认犯罪事实的,虽然不能认定为自动投案,但可以参照法律对自首的有关规定酌情从轻处罚。

二、关于"如实供述自己的罪行"的具体认定

《解释》第一条第二项规定如实供述自己的罪行,除供述自己的主要犯罪事实外,还应包括姓名、年龄、职业、住址、前科等情况。犯罪嫌疑人供述的身份等情况与真实情况虽有差别,但不影响定罪量刑的,应认定为如实供述自己的罪行。犯罪嫌疑人自动投案后隐瞒自己的真实身份等情况,影响对其定罪量刑的,不能认定为如实供述自己的罪行。

犯罪嫌疑人多次实施同种罪行的,应当综合考虑已交代的犯罪事实与未交代的犯罪事实的危害程度,决定是否认定为如实供述主要犯罪事实。虽然投案后没有交代全部犯罪事实,但如实交代的犯罪情节重于未交代的犯罪情节,或者如实交代的犯罪数额多于未交代的犯罪数额,一般应认定为如实供述自己的主要犯罪事实。无法区分已交代的与未交代的犯罪情节的严重程度,或者已交代的犯罪数额与未交代的犯罪数额相当,一般不认定为如实供述自己的主要犯罪事实。

犯罪嫌疑人自动投案时虽然没有交代自己的主要犯罪事实,

但在司法机关掌握其主要犯罪事实之前主动交代的，应认定为如实供述自己的罪行。

三、关于“司法机关还未掌握的本人其他罪行”和“不同种罪行”的具体认定

犯罪嫌疑人、被告人在被采取强制措施期间，向司法机关主动如实供述本人的其他罪行，该罪行能否认定为司法机关已掌握，应根据不同情形区别对待。如果该罪行已被通缉，一般应以该司法机关是否在通缉令发布范围内作出判断，不在通缉令发布范围内的，应认定为还未掌握，在通缉令发布范围内的，应视为已掌握；如果该罪行已录入全国公安信息网络在逃人员信息数据库，应视为已掌握。如果该罪行未被通缉、也未录入全国公安信息网络在逃人员信息数据库，应以该司法机关是否已实际掌握该罪行为标准。

犯罪嫌疑人、被告人在被采取强制措施期间如实供述本人其他罪行，该罪行与司法机关已掌握的罪行属同种罪行还是不同种罪行，一般应以罪名区分。虽然如实供述的其他罪行的罪名与司法机关已掌握犯罪的罪名不同，但如实供述的其他犯罪与司法机关已掌握的犯罪属选择性罪名或者在法律、事实上密切关联，如因受贿被采取强制措施后，又交代因受贿为他人谋取利益行为，构成滥用职权罪的，应认定为同种罪行。

四、关于立功线索来源的具体认定

犯罪分子通过贿买、暴力、胁迫等非法手段，或者被羁押后与律师、亲友会见过程中违反监管规定，获取他人犯罪线索并“检举揭发”的，不能认定为有立功表现。

犯罪分子将本人以往查办犯罪职务活动中掌握的，或者从负有查办犯罪、监管职责的国家工作人员处获取的他人犯罪线索予以检举揭发的，不能认定为有立功表现。

犯罪分子亲友为使犯罪分子“立功”，向司法机关提供他人犯罪线索、协助抓捕犯罪嫌疑人的，不能认定为犯罪分子有立功表现。

五、关于“协助抓捕其他犯罪嫌疑人”的具体认定

犯罪分子具有下列行为之一，使司法机关抓获其他犯罪嫌疑人的，属于《解释》第五条规定的“协助司法机关抓捕其他犯罪嫌疑人”：1. 按照司法机关的安排，以打电话、发信息等方式将其他犯罪嫌疑人（包括同案犯）约至指定地点的；2. 按照司法机关的安排，当场指认、辨认其他犯罪嫌疑人（包括同案犯）的；3. 带领侦查人员抓获其他犯罪嫌疑人（包括同案犯）的；4. 提供司法机关尚未掌握的其他案件犯罪嫌疑人的联络方式、藏匿地址的，等等。

犯罪分子提供同案犯姓名、住址、体貌特征等基本情况，或者提供犯罪前、犯罪中掌握、使用的同案犯联络方式、藏匿地址，司法机关据此抓捕同案犯的，不能认定为协助司法机关抓捕同案犯。

六、关于立功线索的查证程序和具体认定

被告人在一、二审审理期间检举揭发他人犯罪行为或者提供侦破其他案件的重要线索，人民法院经审查认为该线索内容具体、指向明确的，应及时移交有关人民检察院或者公安机关依法处理。

侦查机关出具材料，表明在三个月内还不能查证并抓获被检举揭发的人，或者不能查实的，人民法院审理案件可不再等待查证结果。

被告人检举揭发他人犯罪行为或者提供侦破其他案件的重要线索经查证不属实，又重复提供同一线索，且没有提出新的证据材料的，可以不再查证。

根据被告人检举揭发破获的他人犯罪案件，如果已有审判结果，应当依据判决确认的事实认定是否查证属实；如果被检举揭发的他人犯罪案件尚未进入审判程序，可以依据侦查机关提供的书面查证情况认定是否查证属实。检举揭发的线索经查确有犯罪发生，或者确定了犯罪嫌疑人，可能构成重大立功，只是未能将犯罪嫌疑人抓获归案的，对可能判处死刑的被告人一般要留有余地，对其他被告人原则上应酌情从轻处罚。

被告人检举揭发或者协助抓获的人的行为构成犯罪，但因法定事由不追究刑事责任、不起诉、终止审理的，不影响对被告人立功表现的认定；被告人检举揭发或者协助抓获的人的行为应判处无期徒刑以上刑罚，但因具有法定、酌定从宽情节，宣告刑为有期徒刑或者更轻刑罚的，不影响对被告人重大立功表现的认定。

七、关于自首、立功证据材料的审查

人民法院审查的自首证据材料，应当包括被告人投案经过、有罪供述以及能够证明其投案情况的其他材料。投案经过的内容一般应包括被告人投案时间、地点、方式等。证据材料应加盖接受被告人投案的单位的印章，并有接受人员签名。

人民法院审查的立功证据材料，一般应包括被告人检举揭发材料及证明其来源的材料、司法机关的调查核实材料、被检举揭发人的供述等。被检举揭发案件已立案、侦破，被检举揭发人被采取强制措施、公诉或者审判的，还应审查相关的法律文书。证据材料应加盖接收被告人检举揭发材料的单位的印章，并有接收人员签名。

人民法院经审查认为证明被告人自首、立功的材料不规范、不全面的，应当由检察机关、侦查机关予以完善或者提供补充材料。

上述证据材料在被告人被指控的犯罪一、二审审理时已形成的，应当经庭审质证。

八、关于对自首、立功的被告人的处罚

对具有自首、立功情节的被告人是否从宽处罚、从宽处罚的幅度，应当考虑其犯罪事实、犯罪性质、犯罪情节、危害后果、社会影响、被告人的主观恶性和人身危险性等。自首的还应考虑投案的主动性、供述的及时性和稳定性等。立功的还应考虑检举揭发罪行的轻重、被检举揭发的人可能或者已经被判处的刑罚、提供的线索对侦破案件或者协助抓捕其他犯罪嫌疑人所起作用的大小等。

具有自首或者立功情节的,一般应依法从轻、减轻处罚;犯罪情节较轻的,可以免除处罚。类似情况下,对具有自首情节的被告人的从宽幅度要适当宽于具有立功情节的被告人。

虽然具有自首或者立功情节,但犯罪情节特别恶劣、犯罪后果特别严重、被告人主观恶性深、人身危险性大,或者在犯罪前即为规避法律、逃避处罚而准备自首、立功的,可以不从宽处罚。

对于被告人具有自首、立功情节,同时又有累犯、毒品再犯等法定从重处罚情节的,既要考虑自首、立功的具体情节,又要考虑被告人的主观恶性、人身危险性等因素,综合分析判断,确定从宽或者从严处罚。累犯的前罪为非暴力犯罪的,一般可以从宽处罚,前罪为暴力犯罪或者前、后罪为同类犯罪的,可以不从宽处罚。

在共同犯罪案件中,对具有自首、立功情节的被告人的处罚,应注意共同犯罪人以及首要分子、主犯、从犯之间的量刑平衡。犯罪集团的首要分子、共同犯罪的主犯检举揭发或者协助司法机关抓捕同案地位、作用较次的犯罪分子的,从宽处罚与否应当从严掌握,如果从轻处罚可能导致全案量刑失衡的,一般不从轻处罚;如果检举揭发或者协助司法机关抓捕的是其他案件中罪行同样严重的犯罪分子,一般应依法从宽处罚。对于犯罪集团的一般成员、共同犯罪的从犯立功的,特别是协助抓捕首要分子、主犯的,应当充分体现政策,依法从宽处罚。

《关于处理自首和立功若干具体问题的意见》的理解与适用

周　峰　薛淑兰　孟　伟

2010 年 12 月 27 日,最高人民法院印发了《关于处理自首和立功若干具体问题的意见》(法发〔2010〕60 号,以下简称《意见》)。《意见》进一步规范了自首、立功的认定标准,严格了认定程序,明确了从宽幅度,对准确处理自首、立功问题,正确贯彻宽严相济刑事政策和"保留死刑,严格控制和慎重适用死刑"政策,进一步提高刑事审判工作的质量和效率,都具有十分重要的意义。为便于准确理解和适用《意见》,现就其制定过程、基本原则和主要内容作一简要介绍。

一、制定过程

自首和立功,是司法实践中较为常见、非常复杂、争议较大的问题。刑法总则仅用第六十七、六十八两个条文作了原则性规定,1998 年《最高人民法院关于处理自首和立功具体应用法律若干问题的解释》(以下简称《解释》)用七个条文对此作了细化规定。但近年来,犯罪分子投案、供述自己的罪行、检举揭发他人犯罪、协助公安人员抓获其他罪犯的形式呈现多样化、复杂化趋势,新类型"自首"、"立功"时有出现。刑法和《解释》因制定时间早、规定较原则,已不能完全解决新问题、新情况。例如,交通肇事后不逃逸是否构成自首,通过贿买等不正当途径获取他人犯罪线索是否构成立功等,都没有明确规定,造成司法实践中法律适用不统一,量刑不均衡。

为了进一步规范自首、立功的认定标准、查证程序和从宽幅度,最高人民法院于2007年对出台自首、立功问题司法文件予以立项,经过长时间广泛深入调查研究,多次召开专家论证会进行论证,并征求有关部门的意见,基本取得共识后,又经反复修改完善,最终形成了此《意见》。

《意见》的主要内容共八个部分,包括:(1)"自动投案"的具体认定;(2)"如实供述自己罪行"的具体认定;(3)"司法机关还未掌握的本人其他罪行"和"不同种罪行"的具体认定;(4)立功线索来源的具体认定;(5)"协助抓捕其他犯罪嫌疑人"的具体认定;(6)立功线索的查证程序和具体认定;(7)自首、立功证据材料的审查;(8)对自首、立功的被告人的处罚。

二、基本原则

《意见》的制定,主要坚持了以下基本原则:

1. 准确把握自首、立功的认定条件和从宽处罚幅度。司法实践对自首、立功的认定和从宽处罚的把握,存在过严和过宽两种倾向。《意见》从自首、立功的本质出发,基于符合立法本意和有利于贯彻宽严相济刑事政策的考虑,进一步明确了自首、立功的认定标准和从宽处罚的基本原则,使其既不过于严苛,也不过于宽泛,更符合司法实践,更容易被社会接受。

2. 从实际出发,立足于解决主要问题。自首、立功的法律适用问题较多,有的分歧较大。《意见》以满足实际需要为出发点,对司法实践中较常见的问题提出具体明确、可操作性较强的意见,而对那些较少出现或者暂未有较成熟意见的个别问题,则未作规定。

3. 在现行法律和司法解释框架内对自首、立功的具体认定和从宽处罚原则予以细化。《意见》在现行法律框架下对刑法和司法解释的有关规定予以细化、明确和完善，效力低于司法解释，在适用过程中可以进一步收集问题，总结经验，逐步完善。

三、“自动投案”的具体认定

(一)自动投案的表现形式

所谓“自动投案”，一般是指犯罪嫌疑人在犯罪后、归案前，出于本人意志而向公安机关、人民检察院、人民法院及其他有关单位和人员承认自己实施了犯罪，并自愿置于上述单位和人员的控制之下，等待法律制裁的行为。自动投案的本质属性是投案的主动性和自愿性。自动投案可分为两种：第一种是典型的自动投案，即《解释》第一条第一款第一项规定的“犯罪事实或者犯罪嫌疑人未被司法机关发觉，或者虽被发觉，但犯罪嫌疑人尚未受到讯问、未被采取强制措施时，主动、直接向公安机关、人民检察院或者人民法院投案”；第二种是视为自动投案的情形，虽然不完全具备典型自动投案的特征，但体现了投案主动性和自愿性的本质属性。《意见》根据司法实践中出现的新情况，在《解释》第一条第一项规定的七种应“视为自动投案”的情形的基础上，又增加了四种情形，鉴于司法实践中可能还会出现新的情形，《意见》还设立了兜底条款。

(二)“明知他人报案而在现场等待”的情形

《意见》增加的第二种情形是“明知他人报案而在现场等待，抓捕时无拒捕行为，供认犯罪事实的”。犯罪嫌疑人作案后虽然没有亲自报警，但在明知他人报案的情况下有机会逃走而未逃走，留在现场等待抓捕，即“能逃而不逃”，这种情形体现了其主动、自愿将自己交付法律制裁的意图，对控制犯罪嫌疑人有一定意义，故应当认定为自动投案。但是，如果犯罪嫌疑人系因受伤、醉酒、被群众包围等客观因素而未能逃跑，或者滞留现场是寻找作案机会、继续作案而非等待抓捕，则不能认定为自动投案。

(三)"形迹可疑"型自首

对于《意见》第一条第二款规定的"形迹可疑"型自首的认定,需要把握的重点是主动交代犯罪事实对确定犯罪嫌疑人是否具有实质意义,因为自首一方面体现了犯罪嫌疑人的悔罪态度,可以防止其留在社会上继续犯罪;另一方面也有利于节约司法资源,实现司法的经济性。仅因形迹可疑被盘问、教育后主动交代犯罪事实,若有关部门并未掌握其他证据,则其主动交代对确定犯罪嫌疑人具有决定性的实质意义,应认定为自动投案;若有关部门在其交代时或者交代后即在其身上、随身物品、交通工具等处搜获与犯罪有关的物品,则即便其不交代,有关部门仍可掌握犯罪证据,故此类情形下的交代对确定犯罪嫌疑人不具有实质意义,一般不能认定为自动投案。

上述情形在毒品犯罪案件中较为多见。例如,公安机关设卡例行检查时发现某人神色慌张,形迹可疑,遂对其进行盘问,此人即交代了运输毒品的犯罪事实,公安人员随后在其随身携带的行李箱内查获毒品,这类情形就不能认定为自动投案。当然,如果与犯罪有关的物品是通过正常工作方法难以发现的,如某人运输毒品时发现前方500米处有检查站,即将毒品埋在路边,该人在检查站因神色慌张而被盘问,即交代了犯罪事实并带领公安人员找到了埋藏的毒品,此时的主动交代对确定犯罪嫌疑人就具有实质意义,可以认定为自动投案。对于其他类似情形,可以根据上述规定的精神具体把握。

(四)交通肇事罪的自首

交通肇事后保护现场、抢救伤者、向公安机关报告的,能否认定为自动投案?实务界和学界均存在很大争议,在《意见》制定过程中也有不同意见,亟须明确规范。

认为此情形不能认定为自首的理由是:(1)《道路交通安全法》第七十条明确规定保护现场、抢救伤者、向公安机关报告是犯罪嫌疑人的法定义务,既然是履行法定义务,就不应当再重复评价。(2)刑法第一百三十三条对交通肇事罪规定了三种情形的量刑幅度,其中对未逃逸的情形规定了较轻的法定刑,对逃逸的情形特别规定了较重的法定刑。刑法没有任何一种犯罪因行为人逃逸即规定加重处罚,表明刑法也认为交通肇事犯罪嫌疑人保护现场、抢救伤者、向公安机关报告是其法定义务,不是自首,不需要给予自首从轻或者减轻处罚的待遇;相反,如不履行法定义务,应加重处罚。(3)对犯罪嫌疑人履行法定义务的行为不认定为自首,不必然引发鼓励肇事者逃逸的负面效果。司法实践中,有不少地方如浙江省正式规定此种行为不属自首,《道路交通安全法》第七十条规定依然执行得很好。这是因为逃逸与不逃逸行为的法定刑幅度完全不同,处罚结果差异较大。即使逃逸后又自首的,因为只能在更重的法定刑幅度内从宽,也不会出现量刑失衡。个别减轻处罚的,只要有特殊情形,也符合罪刑相适应原则。

认为此种情形应认定为自首的理由是:(1)《道路交通安全法》第七十条虽明文规定保护现场、抢救伤员、向公安机关报告是犯罪嫌疑人的法定义务,但与刑法上认定其为自动投案并不矛盾,后者是对前者的支持、鼓励。(2)如果否认交通肇事罪存在自首,而承认其他责任事故存在自首,明显会导致交通肇事罪与其他责任事故犯罪的不协调。(3)此情形认定为自首,有利于鼓励肇事者在最短时间内抢救伤者;反之,有可能助长逃逸行为,产生不良社会效果。(4)刑法第一百三十三条第一种量刑幅度内的不逃逸并不等于自动投案,实践中还存在诸多既未逃逸也未自动投案的情形。(5)自首是刑法总则规定的量刑制度,应对刑法分则个罪符合自首构成要件的情形普遍适用。

经研究,我们同意后一种意见。同时,为确保统一法律适用后有良好的导向和效果,将此情形规定为:“交通肇事后保护现场、抢救伤者,并向公安机关报告的,应认定为自动投案,构成自首的,因上述行为同时系犯罪嫌疑人的法定义务,对其是否从宽、从宽幅度要适当从严掌握。交通肇事逃逸后自动投案,如实供述自己罪行的,应认定为自首,但应依法以较重法定刑为基准,视情决定对其是否从宽处罚和从宽处罚的幅度。”

(五)采用捆绑手段“送子归案”的情形

在《意见》制定过程中,对亲属采用捆绑手段“送子归案”的情形能否认定为自首也存在较大争议。有观点认为,此种情形与《解释》第一条第一项中的亲友“陪同自首”、“送子自首”无本质差别,犯罪嫌疑人亲属舍弃亲情而将嫌疑人交付国家审判,目的是使嫌疑人得到从宽处罚,对这种“大义灭亲”的行为应予肯定和鼓励,因而应视为自动投案。

我们经反复斟酌后认为,犯罪嫌疑人被亲友采用捆绑等手段送到司法机关,或者在不明知的情况下被亲友带领侦查人员前来抓获的,由于嫌疑人并无投案的主动性和自愿性,完全是被动归案,将此认定为自动投案既不符合自首的本质特征,也违背了主客观相统一的刑法原则,而且破坏了人们对于自首的一般理念。因此,上述情形不宜认定为自动投案。

但是,法律对这种“大义灭亲”的行为应予充分肯定和积极鼓励,在量刑时一般应当考虑犯罪嫌疑人亲友的意愿,参照法律对自首的有关规定酌情从轻处罚。当然,如果犯罪嫌疑人亲友是出于对嫌疑人的痛恨而实施“送子归案”等行为,并不要求对嫌疑人宽大处理,在量刑时也可以不予从轻处罚。

四、“如实供述自己的罪行”的具体认定

(一)不如实供述身份等情况

在调研中发现,犯罪分子到案后不如实交代身份等基本情况的越来越多,有的是“面子”问题,但相当一部分是企图隐瞒漏罪或者前科情况。前者说不上有主观恶意,后者则违背了自首的立法本意,既影响到准确、及时、有效地打击犯罪,也不利于监所管理。因此,《意见》规定,如实供述自己的罪行,应包括供述主要犯罪事实和姓名、年龄、职业、住址、前科等情况,并对如何认定如实交代身份进行了明确。以不如实供述身份是否影响定罪量刑为标准,如果犯罪嫌疑人供述的身份等情况与真实情况虽有差别,但不影响定罪量刑的,如真实年龄为 22 岁,但谎称为 19 岁,可认定为“如实供述自己的罪行”;如果犯罪嫌疑人自动投案后隐瞒自己的真实身份等情况,如冒用他人姓名企图隐瞒前科情况,影响对其定罪量刑的,则不能认定为“如实供述自己的罪行”。司法实践中可能还会出现隐瞒身份的其他情形,可以根据隐瞒的内容是否影响定罪量刑为标准进行分析判断。

(二)“主要犯罪事实”的认定

《解释》第一条第二项规定:“如实供述自己的罪行,是指犯罪嫌疑人自动投案后,如实交代自己的主要犯罪事实……”学术界有观点认为,主要犯罪事实,是指对犯罪嫌疑人行为的性质认定有决定意义的事实、情节(即定罪事实)以及对量刑有重大影响的事实、情节(即重大量刑事实);而所谓“对量刑有重大影响的事实、情节”,则是指决定对犯罪嫌疑人应适用的法定刑档次是否升格的情节,以及在总体危害程度上比其他部分事实、情节更大的事实、情节。我们基本同意这种观点。主要犯罪事实首先包括定罪事实,自不待言;而对于量刑事实,则应区分已如实供述与未如实供述部分的严重程度,决定是否认定为如实供述自己的主要犯罪事实。

对于犯罪嫌疑人多次实施同种罪行的,《意见》规定,认定是否如实供述主要犯罪事实的基本标准,是已交代的犯罪事实与未交代的犯罪事实的危害程度,并规定了区分犯罪情节与犯罪数额的具体标准,即如实交代的犯罪情节重于未交代的犯罪情节,或者如实交代的犯罪数额多于未交代的犯罪数额,一般应认定为如实供述自己的主要犯罪事实。在这里,犯罪数额的多少一般都有比较明确的界限,而犯罪情节的轻重,则要根据情节的危害程度、对量刑的影响加以判断。如被告人抢劫作案三起,其中第三起致人死亡,被告人投案后如实交代了前两起,隐瞒了第三起,由于致人死亡的一起犯罪对量刑有决定性的影响,如实交代的犯罪情节轻于未交代的犯罪情节,故不应认定为如实供述主要犯罪事实。

需要注意的是,上述标准不仅可以适用于犯罪嫌疑人多次实施同种罪行的情形,在犯罪嫌疑人仅实施一次犯罪行为的情形下也可以参照适用。如犯罪嫌疑人开枪将被害人打死后投案,谎称系枪支走火致死,由于嫌疑人隐瞒了持枪杀人这一对定罪量刑具有决定性影响的犯罪情节,因此,不能认定为如实供述主要犯罪事实。在共同犯罪的场合下,犯罪嫌疑人投案后推、揽罪责,隐瞒重大犯罪情节的,也不能认定为如实供述主要犯罪事实。如犯罪嫌疑人结伙入户抢劫,其直接致死一人,劫得财物数千元,但其自动投案后仅如实交代参与抢劫的基本事实,隐瞒了自己直接致死被害人的关键事实。在此情形下,犯罪嫌疑人虽然如实供述了参与抢劫的事实,但未如实供述直接致人死亡这一更严重的犯罪情节,故不能认定为如实供述主要犯罪事实。

还需要注意的是,《意见》对"如实供述主要犯罪事实"和"如实供述身份"的认定采用了不同的标准。只要如实供述的犯罪事实对量刑的影响大于所隐瞒的事实,就可以认定为"如实供述主要犯罪事实";而只要隐瞒的身份情况对量刑有影响,就不能认定为"如实供述自己的罪行"。例如,犯罪嫌疑人实施一般抢劫犯罪三起,三起抢劫的犯罪情节大致相当,自动投案后如实交代了两起,可认定为自首;若其自动投案后如实交代了三起,但为隐瞒其盗窃前科而不如实供述身份,则不能认定为自首。在这里,虽然其隐瞒的一起抢劫罪行对量刑的影响可能要大于盗窃前科,但如前所述,不如实供述身份对司法实践的危害很大,既可能导致冤假错案的发生,又浪费诉讼资源,影响诉讼效率,因此,《意见》对不如实供述身份的情形规定了较为不利的法律后果。

此外,“主要犯罪事实”之“主要”是相对于“次要”而言的,如果用百分比表示,“主要”是超过50%。因此,《意见》规定,在无法区分已交代的与未交代的犯罪情节的严重程度,或者在已交代的犯罪数额与未交代的犯罪数额相当的情形下,一般不认定为如实供述主要犯罪事实。

(三)“如实供述”的时间限制

《解释》规定,犯罪嫌疑人自动投案并如实供述自己的罪行后又翻供的,不能认定为自首;但在一审判决前又能如实供述的,应当认定为自首。相应地,被告人在一审阶段翻供、二审阶段又如实供述的,则不能认定为自首;一审认定为自首,被告人在二审阶段翻供的,也不能改变自首的认定。从《解释》规定的精神可以看出,如实供述必须是在司法机关掌握主要犯罪事实之前,才能体现悔罪态度,节约司法资源。

在司法实践中,有的犯罪嫌疑人投案后一直未主动如实供述主要犯罪事实,有的是在侦查机关掌握证据后才交代,有的是在一审庭审中才交代,还有的甚至是在二审庭审或者二审发回重审后才交代,在此情形下,犯罪嫌疑人虽然自动投案,但投案后不主动如实供述,体现不出其悔罪态度,案件得以侦破主要依靠侦查机关的努力,未体现出节约司法资源的宗旨,故不能认定为自首。犯罪嫌疑人自动投案后,虽然投案初期没有交代自己的主要犯罪事实,但在司法机关掌握其主要犯罪事实之前主动交代的,还应认定为如实供述自己的罪行。

五、“司法机关还未掌握的本人其他罪行”和“不同种罪行”的具体认定

根据刑法第六十七条第二款和《解释》第二条的规定,被采取强制措施的犯罪嫌疑人、被告人和正在服刑的罪犯,如实供述司法机关尚未掌握的罪行,与司法机关已掌握的或者判决确定的罪行属不同种罪行的,以自首论。这在理论上一般称为“余罪自首”。对如何认定“司法机关还未掌握”和“不同种罪行”,实践中存在一定争议,《意见》对此进行了明确。

(一)“司法机关还未掌握”的认定

司法实践中,对被采取强制措施期间交代被通缉、被网上追逃(即录入全国公安信息网络在逃人员信息数据库)的其他罪行,能否认定为“司法机关还未掌握”,存在分歧意见。一种意见认为,判断司法机关是否掌握应当实事求是,以采取强制措施的司法机关是否实际掌握为标准。另一种意见认为,如果该司法机关在通缉令发布范围之内,或者该罪行已网上追逃,就应认为已掌握。

我们同意后一种意见,理由是:近年来,随着电脑网络技术的不断推广普及,全国公安机关的网上追逃系统已得到广泛运用,公安力量在相当程度上被有效地整合为一体。公安机关抓获犯罪嫌疑人后有上网比对的职责和工作程序,只要余罪被通缉且该公安机关又在通缉令发布范围之内,或者余罪被网上追逃,一般都能够查实。因此,《意见》明确规定,如果余罪已被通缉,而采取强制措施的司法机关又在通缉令发布范围之内,或者余罪已录入全国公安信息网络在逃人员信息数据库的,应视为司法机关已掌握,否则,应以该司法机关是否实际掌握该罪行为标准。

(二)“不同种罪行”的认定

何为“同种罪行”,何为“不同种罪行”,司法实践中一般是以罪名区分,这一标准便于操作,但对于所涉犯罪系选择性罪名等情形,各地掌握的标准不一,导致在是否认定为自首、是否从宽处罚方面差异较大。因此,《意见》规定,对不同种罪行的认定,首先要以罪名区分,罪名不同的,还要考虑余罪与已掌握的犯罪是否属于选择性罪名或者在法律、事实上密切关联。罪名不同且不属选择性罪名,在法律、事实上也没有密切关联的,才能认定为不同种罪行。具体标准是:

1. 如实供述的其他犯罪与司法机关已掌握的犯罪为选择性罪名，如已掌握的是走私毒品罪行，又供述了制造毒品罪行，仍属同种罪行；

2. 如实供述的其他犯罪与司法机关已掌握的犯罪在法律、事实上密切关联，如因受贿被采取强制措施后，又交代因受贿为他人谋取利益的行为，构成滥用职权罪的，应认定为同种罪行。

上述情形均不构成余罪自首。

六、立功线索来源的具体认定

在司法实践中，犯罪分子为获得从宽处罚，有时会不择手段地以贿买、暴力、胁迫、引诱犯罪等非法手段，或者通过违反监管规定获取他人犯罪线索，而有能力、有机会获得上述线索的往往又是首要分子、主犯、再犯和黑恶势力犯罪分子，对上述情形若认定为立功，则违背了立功制度的初衷。因此，《意见》对立功线索来源作了必要的限制，犯罪分子将从以下几种途径获取的他人犯罪线索予以检举揭发的，均不能认定为立功：(1)通过贿买、暴力、胁迫等非法手段获取的线索；(2)被羁押后与律师、亲友会见过程中违反监管规定获取的线索；(3)本人以往查办犯罪职务活动中掌握的线索；(4)从负有查办犯罪、监管职责的国家工作人员处获取的线索。

参照上述规定的精神，犯罪分子检举揭发对合犯罪行为的，也不能认定为立功。所谓对合犯，或称对向犯，一般认为是指实施行为者双方互为实现特定犯罪构成的必要条件，或者说互为实施犯罪的对方，如行贿与受贿、拐卖妇女与收买被拐卖的妇女、出售毒品与购买毒品等。以行贿与受贿为例，行贿人交代受贿人的，只能认定为如实供述其行贿犯罪事实，而不能同时认定为揭发他人受贿犯罪，因为这是行贿人如实供述自己罪行的必然内容。而且，这一犯罪线索是行贿人通过贿赂的非法手段获取的，在线索来源上具有不正当性，故不能认定为立功。当然，如果行贿人检举揭发的是受贿人的其他受贿犯罪,则可以认定为立功。

对于司法实践中经常遇到的犯罪分子亲友代为“立功”的情形,由于刑法规定的立功主体只能是“犯罪分子”,唯此才能体现出其“将功补过”的悔罪态度,故对与犯罪分子无关、纯粹由其亲友实施的“立功”行为,对其亲友应由社会予以褒奖,不宜认定为犯罪分子的立功表现。

七、“协助抓捕其他犯罪嫌疑人”的具体认定

《解释》第五条规定:“……协助司法机关抓捕其他犯罪嫌疑人(包括同案犯)的,应当认定为有立功表现。”司法实践中对如何认定“协助抓捕”把握的标准不尽一致。《意见》明确了四种可认定为协助抓捕的情形和一种不能认定的情形。

四种可以认定的情形是:(1)按照司法机关的安排,以打电话、发信息等方式将其他犯罪嫌疑人(包括同案犯)约至指定地点的;(2)按照司法机关的安排,当场指认、辨认其他犯罪嫌疑人(包括同案犯)的;(3)带领侦查人员抓获其他犯罪嫌疑人(包括同案犯)的;(4)提供司法机关尚未掌握的其他案件犯罪嫌疑人的联络方式、藏匿地址的等。

鉴于同案犯的基本情况(包括同案犯的姓名、住址、体貌特征等信息)属于犯罪分子应当供述的范畴,而犯罪前、犯罪中掌握、使用的同案犯联络方式、藏匿地址,则属于预谋、实施犯罪的范畴,也是犯罪分子应当供述的内容。因此,《意见》规定犯罪分子仅仅提供上述信息,司法机关据此抓捕同案犯的,不能认定为协助抓捕同案犯。但是,如果按照司法机关的安排,将同案犯约至指定地点、当场指认同案犯,或者带领侦查人员抓获同案犯的,则可认定为立功。因为此类协助,犯罪分子完全可以不予配合,而其一旦主动、积极协助,个人则要承受一定压力,承担一定风险,因此,应当通过认定为立功予以“鼓励”。

八、对自首、立功的被告人的处罚

（一）自首对量刑的影响一般大于立功

《意见》规定："类似情况下，对具有自首情节的被告人的从宽幅度要适当宽于具有立功情节的被告人。"之所以这样规定，主要是考虑到自首情节对每一名犯罪分子机会均等，而立功不是人人都有机会，且自首比立功更能充分体现出犯罪分子的悔罪态度，故对自首的认定标准和从宽幅度的掌握要更宽一些。最高人民法院于2010年9月印发的《人民法院量刑指导意见（试行）》（法发〔2010〕36号）规定，对于自首情节，可以减少基准刑的40%以下，犯罪较轻的可以减少基准刑的40%以上或者依法免除处罚；对于立功情节，一般立功的可以减少基准刑的20%以下，重大立功的可以减少基准刑的20%～50%，重大立功且犯罪较轻的可以减少基准刑的50%以上或者依法免除处罚。上述规定也体现了这种政策精神。

（二）自首、立功情节与从重情节并存案件的处理

《意见》规定，对具有自首、立功情节（包括重大立功）的被告人是否从宽处罚、从宽处罚的幅度，应当从犯罪行为，主观恶性和人身危险性，自首、立功的具体情节三方面综合考虑，一般应依法从轻、减轻处罚。这里的"一般应"强调的是没有其他特殊情况的都要从宽，以准确贯彻宽严相济刑事政策精神，争取更好的法律效果和社会效果。如果案件同时具备自首、立功情节和累犯、毒品再犯等法定从重情节，或者犯罪情节特别恶劣、犯罪后果特别严重、主观恶性深、人身危险性大等酌定从重情节，在考察犯罪行为和主观恶性、人身危险性的基础上，要重点分析各种量刑情节的性质及具体情况，如自首的主动性、立功的大小、累犯的前罪的性质和严重程度等，根据各情节反映的社会危害性和人身危险性的程度，具体考量每个情节对刑罚裁量的影响，最终确定从宽、从重处罚或者将从宽、从重情节予以抵消。

（三）共同犯罪的量刑平衡

在共同犯罪案件中，对具有立功情节的被告人量刑时，要特别注意共同犯罪人之间的量刑平衡。对此把握的一般标准是“功是否足以折罪”。因为立功制度的出发点是鼓励犯罪分子检举揭发其他犯罪，以更充分地实现刑法惩治犯罪、预防犯罪的目的。立功不大，对于惩治犯罪、预防犯罪的社会意义相应不大，对立功者从宽处罚的幅度就不应该大；立功虽大，但若立功者的罪行十分严重，如果从宽处罚或者从宽的幅度过大，对其处罚的刑法效果就会削弱。所以，即使从宽，幅度也不宜过大。例如，在毒品犯罪案件中，“毒枭”掌握的犯罪线索和立功机会相对较多，但其罪行严重，“马仔”的罪行较轻，但不容易获得立功线索，如果对有立功情节的“毒枭”从宽幅度过大，会导致同案犯量刑失衡，刑罚惩罚和预防犯罪的功能就无从体现。

基于上述考虑，《意见》对首要分子、主犯协助抓捕地位、作用较次的同案犯，首要分子、主犯协助抓捕罪行同样严重的非同案犯，地位、作用较次的犯罪分子协助抓捕首要分子、主犯三种情形进行了区分，这三种情形的立功对量刑的影响是由小到大的递进关系。

（作者单位：最高人民法院刑一庭）

最高人民法院
关于被告人对行为性质的辩解是否影响自首成立问题的批复

（2004 年 3 月 23 日由最高人民法院审判委员会
第 1312 次会议通过，2004 年 3 月 26 日公布，
自 2004 年 4 月 1 日施行）
法释〔2004〕2 号

广西壮族自治区高级人民法院：

你院 2003 年 6 月 10 日《关于被告人对事实性质的辩解是否影响投案自首的成立的请示》收悉。经研究，答复如下：

根据刑法第六十七条第一款和最高人民法院《关于处理自首和立功具体应用法律若干问题的解释》第一条的规定，犯罪以后自动投案，如实供述自己的罪行的，是自首。被告人对行为性质的辩解不影响自首的成立。

此复。

最高人民法院
关于办理职务犯罪案件认定自首、立功等量刑情节若干问题的意见

（2009年3月12日　法发〔2009〕13号）

为依法惩处贪污贿赂、渎职等职务犯罪，根据刑法和相关司法解释的规定，结合办案工作实际，现就办理职务犯罪案件有关自首、立功等量刑情节的认定和处理问题，提出如下意见：

一、关于自首的认定和处理

根据刑法第六十七条第一款的规定，成立自首需同时具备自动投案和如实供述自己的罪行两个要件。犯罪事实或者犯罪分子未被办案机关掌握，或者虽被掌握，但犯罪分子尚未受到调查谈话、讯问，或者未被宣布采取调查措施或者强制措施时，向办案机关投案的，是自动投案。在此期间如实交代自己的主要犯罪事实的，应当认定为自首。

犯罪分子向所在单位等办案机关以外的单位、组织或者有关负责人员投案的，应当视为自动投案。

没有自动投案，在办案机关调查谈话、讯问、采取调查措施或者强制措施期间，犯罪分子如实交代办案机关掌握的线索所针对的事实的，不能认定为自首。

没有自动投案，但具有以下情形之一的，以自首论：(1)犯罪

分子如实交代办案机关未掌握的罪行,与办案机关已掌握的罪行属不同种罪行的;(2)办案机关所掌握线索针对的犯罪事实不成立,在此范围外犯罪分子交代同种罪行的。

单位犯罪案件中,单位集体决定或者单位负责人决定而自动投案,如实交代单位犯罪事实的,或者单位直接负责的主管人员自动投案,如实交代单位犯罪事实的,应当认定为单位自首。单位自首的,直接负责的主管人员和直接责任人员未自动投案,但如实交代自己知道的犯罪事实的,可以视为自首;拒不交代自己知道的犯罪事实或者逃避法律追究的,不应当认定为自首。单位没有自首,直接责任人员自动投案并如实交代自己知道的犯罪事实的,对该直接责任人员应当认定为自首。

对于具有自首情节的犯罪分子,办案机关移送案件时应当予以说明并移交相关证据材料。

对于具有自首情节的犯罪分子,应当根据犯罪的事实、性质、情节和对于社会的危害程度,结合自动投案的动机、阶段、客观环境,交代犯罪事实的完整性、稳定性以及悔罪表现等具体情节,依法决定是否从轻、减轻或者免除处罚以及从轻、减轻处罚的幅度。

二、关于立功的认定和处理

立功必须是犯罪分子本人实施的行为。为使犯罪分子得到从轻处理,犯罪分子的亲友直接向有关机关揭发他人犯罪行为,提供侦破其他案件的重要线索,或者协助司法机关抓捕其他犯罪嫌疑人的,不应当认定为犯罪分子的立功表现。

据以立功的他人罪行材料应当指明具体犯罪事实;据以立功的线索或者协助行为对于侦破案件或者抓捕犯罪嫌疑人要有实际作用。犯罪分子揭发他人犯罪行为时没有指明具体犯罪事实的;揭发的犯罪事实与查实的犯罪事实不具有关联性的;提供的线索或者协助行为对于其他案件的侦破或者其他犯罪嫌疑人的抓捕不具有实际作用的,不能认定为立功表现。

犯罪分子揭发他人犯罪行为，提供侦破其他案件重要线索的，必须经查证属实，才能认定为立功。审查是否构成立功，不仅要审查办案机关的说明材料，还要审查有关事实和证据以及与案件定性处罚相关的法律文书，如立案决定书、逮捕决定书、侦查终结报告、起诉意见书、起诉书或者判决书等。

据以立功的线索、材料来源有下列情形之一的，不能认定为立功：(1)本人通过非法手段或者非法途径获取的；(2)本人因原担任的查禁犯罪等职务获取的；(3)他人违反监管规定向犯罪分子提供的；(4)负有查禁犯罪活动职责的国家机关工作人员或者其他国家工作人员利用职务便利提供的。

犯罪分子检举、揭发的他人犯罪，提供侦破其他案件的重要线索，阻止他人的犯罪活动，或者协助司法机关抓捕的其他犯罪嫌疑人，犯罪嫌疑人、被告人依法可能被判处无期徒刑以上刑罚的，应当认定为有重大立功表现。其中，可能被判处无期徒刑以上刑罚，是指根据犯罪行为的事实、情节可能判处无期徒刑以上刑罚。案件已经判决的，以实际判处的刑罚为准。但是，根据犯罪行为的事实、情节应当判处无期徒刑以上刑罚，因被判刑人有法定情节经依法从轻、减轻处罚后判处有期徒刑的，应当认定为重大立功。

对于具有立功情节的犯罪分子，应当根据犯罪的事实、性质、情节和对于社会的危害程度，结合立功表现所起作用的大小、所破获案件的罪行轻重、所抓获犯罪嫌疑人可能判处的法定刑以及立功的时机等具体情节，依法决定是否从轻、减轻或者免除处罚以及从轻、减轻处罚的幅度。

三、关于如实交代犯罪事实的认定和处理

犯罪分子依法不成立自首，但如实交代犯罪事实，有下列情形之一的，可以酌情从轻处罚：(1)办案机关掌握部分犯罪事实，犯罪分子交代了同种其他犯罪事实的；(2)办案机关掌握的证据不充分，犯罪分子如实交代有助于收集定案证据的。

犯罪分子如实交代犯罪事实,有下列情形之一的,一般应当从轻处罚:(1)办案机关仅掌握小部分犯罪事实,犯罪分子交代了大部分未被掌握的同种犯罪事实的;(2)如实交代对于定案证据的收集有重要作用的。

四、关于赃款赃物追缴等情形的处理

贪污案件中赃款赃物全部或者大部分追缴的,一般应当考虑从轻处罚。

受贿案件中赃款赃物全部或者大部分追缴的,视具体情况可以酌定从轻处罚。

犯罪分子及其亲友主动退赃或者在办案机关追缴赃款赃物过程中积极配合的,在量刑时应当与办案机关查办案件过程中依职权追缴赃款赃物的有所区别。

职务犯罪案件立案后,犯罪分子及其亲友自行挽回的经济损失,司法机关或者犯罪分子所在单位及其上级主管部门挽回的经济损失,或者因客观原因减少的经济损失,不予扣减,但可以作为酌情从轻处罚的情节。

《关于办理职务犯罪案件认定自首、立功等量刑情节若干问题的意见》的理解与适用

刘为波

最高人民法院、最高人民检察院于2009年3月12日联合发布了《关于办理职务犯罪案件认定自首、立功等量刑情节若干问题的意见》(法发〔2009〕13号,以下简称《意见》),就办理职务犯罪案件中自首、立功、如实交代犯罪事实、赃款赃物追缴等量刑情节的认定和处理问题,提出了具体意见。这是"两高"针对当前职务犯罪案件刑罚适用中的突出问题,为坚决贯彻依法从严惩处腐败分子的方针而制定的一个重要司法文件。为正确理解和适用本《意见》,现对《意见》的制定背景和主要内容说明如下:

一、制定《意见》的背景及其意义

近年来,职务犯罪案件呈现出缓刑、免予刑事处罚等轻刑适用率偏高的趋势,受到了多方关注。经调研,职务犯罪案件轻刑适用比例偏高,有立法、司法、办案机制、案件特点以及社会等多方面原因。其中,自首、立功等量刑情节的认定和运用不够规范、严肃,尤其值得注意。比如,在被纪检监察机关采取"两规"、"两指"措施期间交代罪行是否认定为自首,地方上意见分歧很大,有的不加区分地将犯罪分子在纪检监察机关调查期间交代问题的一律认定为

自首。因部分职务犯罪案件是经纪检监察机关查办后移交司法程序的,这样就直接导致了相当数量的案件被不当轻判。这些问题在一定程度上影响到了职务犯罪的打击力度,在社会上也产生了一些负面影响。

《意见》规定的自首、立功、如实交代犯罪事实、赃款赃物追缴等量刑情节的认定和处理问题,都是职务犯罪司法实践中经常遇到、在具体理解和适用上存在分歧的问题。对这些量刑情节明确其成立条件,严格其认定程序,规范其在量刑中的作用,有利于职务犯罪案件刑罚适用的统一性和严肃性,从根本上解决部分职务犯罪案件处理上失之于宽的问题,确保依法从严惩处严重职务犯罪方针落到实处。

二、《意见》的主要内容

《意见》共分四条。第一条关于自首的认定和处理意见,着重解决纪检监察等办案机关采取调查措施期间的自首认定问题,同时对单位自首等问题提出了一般性处理意见;第二条关于立功的认定和处理意见的规定,主要解决“协助立功”、“抽象立功”、查证属实、线索来源等司法实践中存在分歧的问题。第三条关于如实交代犯罪事实的认定和处理意见,主要是针对实践中对坦白在量刑上的意义的认识不足而作出的规定。第四条关于赃款赃物追回之于量刑的影响,主要是针对实践中在该问题的处理上存在不同意见而作出的细化规定。逐条说明如下:

(一)关于自首的认定和处理

在自首的认定和处理问题上,《意见》作了五个方面的规定。

1. 办案机关采取调查措施期间的自首认定

对于纪检监察机关采取调查措施期间交代罪行的,能否认定为自首,理论和实践部门长期存在分歧:一种意见认为,纪检监察等办案机关不是法律规定的司法机关,纪检监察机关调查期间如实交代罪行的,均可认定为自首;另一种意见认为,不宜一概以有无自动投案作为是否成立自首的条件。该意见论者又分为两种不同观点:一种观点主张以办案机关是否立案作为成立自首与否的认定基准;另一种观点主张以办案机关是否确切掌握犯罪事实作为认定基准。

经研究,自动投案和如实供述自己的罪行是成立自首的两个法定要件,两者缺一不可,必须同时具备,在纪检监察机关采取调查措施期间交代罪行的自首认定,同样应当以此为准。纪检监察部门的办案活动虽然不属于司法活动,但其所采取的调查谈话、调查措施与司法机关的讯问、强制措施的内容、目的、效果基本相同,两者具有可比性。当前职务犯罪案件多以纪检监察部门的调查为前置程序,如将纪检监察部门调查期间交代罪行的一概以自首论,势必导致职务犯罪案件自首认定的不当扩大,并在职务犯罪案件和非职务犯罪案件的自首认定中产生实质性的不公。从有利于案件查办的角度出发主张区别情形分别认定的意见,缺乏法律和理论支撑:一方面,在办案机关立案之前的初步核实阶段即有可能采取"两规"、"两指"等调查措施,办案实践中的立案具有一定的迟滞性;另一方面,自首的认定问题与办案机关是否掌握犯罪事实的确切证据无关。为此,《意见》规定:"没有自动投案,在办案机关调查谈话、讯问、采取调查措施或者强制措施期间,犯罪分子如实交代办案机关掌握的线索所针对的事实的,不能认定为自首。"同时,鉴于纪检监察机关办案的特殊性,《意见》对自动投案规定了具体的认定标准,即"犯罪事实或者犯罪分子未被办案机关掌握,或者虽被掌握,但犯罪分子尚未受到调查谈话、讯问,或者未被宣布采取调查措施或者强制措施时,向办案机关投案的,是自动投案"。

在理解本规定时,应注意以下四点:

第一,犯罪事实、犯罪分子是否被掌握,犯罪分子是否被采取调查措施或者强制措施,是相对于办案机关而言的。这里的办案机关仅限定为纪检、监察、公安、检察等法定职能部门,为避免实践执行中可能产生的误解,《意见》进一步明确:“犯罪分子向所在单位等办案机关以外的单位、组织或者有关负责人员投案的,应当视为自动投案。”

第二,纪检、监察机关办案程序一般是先初步核实,后立案,再调查,依照有关规定,在初步核实阶段也可以采取包括“两规”在内的调查措施。因此,这里的“调查”,指的是措施意义上的调查,而非程序意义上的调查。

第三,“调查谈话”不同于戒勉谈话,一般指的是立案后依照有关调查程序进行的谈话。考虑到办案实践中立案情况较为复杂,为方便实践部门根据案件情况作出更为合理的认定,故《意见》对此未作进一步明确。

第四,《意见》特别规定“被宣布采取调查措施”,主要是考虑到调查措施与刑事司法中的强制措施有所不同,在被调查人对调查活动不知情的情况下,自动投案并如实交代罪行的,仍应认定为自首。只有在被宣布采取调查措施期间,被调查人已经知道对其采取调查活动的情况下才丧失自动投案的可能。

2.“准自首”的认定

根据职务犯罪案件的实际情况,在刑法和《最高人民法院关于处理自首和立功具体应用法律若干问题的解释》有关规定的基础上,《意见》明确了两种无自动投案的准自首的具体情形,即(1)犯罪分子如实交代办案机关未掌握的罪行,与办案机关已掌握的罪行属不同种罪行的;(2)办案机关所掌握线索针对的犯罪事实不成立,在此范围外犯罪分子交代同种罪行的。

对于上述第二种情形,有意见主张按坦白处理,以增强司法可操作性。经研究,此情形属于实质上的准自首,故未采纳。

3. 单位自首的认定

2002 年由最高人民法院、最高人民检察院、海关总署联合发布的《关于办理走私刑事案件适用法律若干问题的意见》中对单位走私犯罪案件的自首认定问题提出了一个初步意见,但实践中对于该规定是否具有普遍适用性以及单位自首的具体认定标准存在不同看法。鉴于职务犯罪案件特别是贿赂犯罪案件中较多地存在单位犯罪情形,《意见》对单位犯罪的自首认定问题予以专门规定,即"单位犯罪案件中,单位集体决定或者单位负责人决定而自动投案,如实交代单位犯罪事实的,或者单位直接负责的主管人员自动投案,如实交代单位犯罪事实的,应当认定为单位自首。单位自首的,直接负责的主管人员和直接责任人员未自动投案,但如实交代自己知道的犯罪事实的,可以视为自首;拒不交代自己知道的犯罪事实或者逃避法律追究的,不应当认定为自首。单位没有自首,直接责任人员自动投案并如实交代自己知道的犯罪事实的,对该直接责任人员应当认定为自首"。

准确理解本规定,关键在于把握四个要点:(1)单位可以成立自首;(2)区分单位自首与个人自首、检举、揭发的关键在于投案人代表的是单位还是个人;(3)单位自首的效果可及于个人,但需以个人如实交代其掌握的罪行为条件;(4)个人自首的成立不以单位自首为条件,但个人自首的效果不能及于单位。

讨论中有意见提出,应对单位直接负责的主管人员的自首认定为单位自首的情形加以必要限制,即只有在单位法定代表人、负责人不知情的情况下实施单位犯罪的,直接负责的主管人员自动投案并如实交代才能构成单位自首。经研究,单位直接负责的主管人员一般也是单位的负责人,其个人意志也代表单位的意志,其个人决定实施的犯罪一般均作单位犯罪处理,故将其未经单位法定代表人以及其他负责人同意,或者在单位法定代表人以及其他负责人不知情的情况下的自首视同为单位自首,是妥当的,且这样规定也有利于鼓励单位直接负责的主管人员自首,防止"铁板一块"。同时,单位自首并不意味着单位法定代表人或者其他负责人当然成立自首,根据本款规定确定的原则,单位法定代表人或者其他负责人拒不交代自己知道的犯罪事实或逃避法律追究的,同样不能认定为自首。本规定体现了刑事司法的一般原则和宽严相济政策的要求,故未采纳。

4. 认定自首的事实根据

鉴于职务犯罪案件查办主体的复杂性,纪律处分与司法处理性质上的不同,纪检监察机关移送司法机关查处的案件还须履行证据转化等程序。为加强配合,确保各办案环节的有机衔接以及自首认定的规范性和严肃性,《意见》规定:"对于具有自首情节的犯罪分子,办案机关移送案件时应当予以说明并移交相关证据材料。"

需要注意的是,为方便实际办案,本规定要求仅适用于存在自首问题的情形,不存在自首问题的无须说明和移交证据材料,以免给办案机关增加不必要的负担。同时,《意见》的这一精神应当一体适用于坦白、退赃等量刑情节。至于移送的具体范围和方式等问题,目前有关机关正在加紧研究解决。

5. 自首情节的具体运用

对于具有自首情节的犯罪分子,是否从轻、减轻或者免除处罚以及从轻、减轻处罚的幅度,取决于犯罪行为和自首行为两个方面的具体情况。为此,《意见》对可供参考判断的相关考量因素作了细化规定,即(1)犯罪的事实、性质、情节和对于社会的危害程度;(2)自动投案的动机、阶段、客观环境,交代犯罪事实的完整性、稳定性以及悔罪表现等。

(二)关于立功的认定和处理

在立功的认定和处理问题上,《意见》作了六个方面的规定,分别是"协助立功"、"抽象立功"、立功事实的审查、线索来源与立功认定、重大立功中无期徒刑以上刑罚的理解以及立功情节的运用原则。

1.“协助立功”

实践中,犯罪分子请求亲友“协助立功”或者犯罪分子的亲友主动“协助立功”的情形屡有发生,司法认定中也存在不同意见。我们认为,立功应该具有亲为性,由犯罪分子的亲友而非其本人直接实施的行为,不能归之于犯罪分子,故“协助立功”不属于刑法规定中的立功。为此,《意见》规定:“为使犯罪分子得到从轻处理,犯罪分子的亲友直接向有关机关揭发他人犯罪行为,提供侦破其他案件的重要线索,或者协助司法机关抓捕其他犯罪嫌疑人的,不应当认定为犯罪分子的立功表现。”

在理解本规定时,应注意两点:

第一,《意见》强调“直接”二字,意在说明亲友的协助行为与犯罪分子本人并无实质性联系。如犯罪分子本人掌握了他人的犯罪行为,其他案件线索,或者其他犯罪嫌疑人的藏匿地点,因客观原因借由其亲友帮助得以将其他案件侦破或者将其他犯罪嫌疑人抓捕的,则另当别论。

第二,犯罪分子的亲友应犯罪分子的要求直接向有关机关揭发他人犯罪行为,提供侦破其他案件的重要线索,或者协助司法机关抓捕其他犯罪嫌疑人的,客观上起到了积极作用,而且在一定程度上也体现了犯罪分子的主观意愿,虽不成立立功,但在量刑时可以结合案件具体情况适当考虑。

2.“抽象立功”

“抽象立功”指的是没有具体证据材料和犯罪事实指向的检举、揭发行为。比如,仅根据一夜暴富或者关系密切而检举、揭发他人有贪污或者受贿行为。对此,我们认为,检举、揭发须以具体犯罪事实为前提,此种情形下即便事后查明被检举、揭发的人确有犯罪事实,但因与所谓的检举、揭发行为并无实质性关联,故不属于立功。为此,《意见》规定,“据以立功的线索或者协助行为犯罪分子揭发他人犯罪行为时没有指明具体犯罪事实的;揭发的犯罪事实与查实的犯罪事实不具有关联性的”,不能认定为立功表现。同时,为进一步强调据以立功的线索或者协助行为对于侦破案件或者抓捕罪犯应当具有客观效果这一点,《意见》规定:“提供的线索或者协助行为对于其他案件的侦破或者其他犯罪分子的抓捕不具有实际作用的,不能认定为立功表现。”

3. 立功事实的审查

“查证属实”是认定立功的一个法定要求。实践中一些案件往往只有简单说明,司法机关难以据此得出结论。为有效防止立功认定的随意性,确保立功认定的严肃性,《意见》规定,审查是否构成立功,不仅要审查办案机关的说明材料,还要审查有关事实和证据以及与案件定性处罚相关的法律文书。

4. 线索来源与立功认定

立功的认定,应否考虑据以立功的线索、材料的来源情况,实践中存在不同看法。一种意见认为,基于立功这一制度安排的基本价值诉求,立功材料的具体来源一般情况下不影响立功的认定,只是在决定是否从轻、减轻处罚以及从轻、减轻处罚的幅度时应予考虑。

经研究,在线索来源问题上,需要兼顾公正与功利两种价值诉求的内在平衡,任何功利的获取不得以牺牲公正为代价,作为社会公平正义的守护者,司法机关更应坚守这一原则。为正确发挥司法导向作用,维护社会公平正义理念,《意见》对据以立功的线索、材料来源作出了限制性规定。明确以下情形不能认定为立功:(1)犯罪分子通过非法手段或者非法途径获取的;(2)犯罪分子因原担任的查禁犯罪等职务获取的;(3)他人违反监管规定向犯罪分子提供的;(4)负有查禁犯罪活动职责的国家机关工作人员或者其他国家工作人员利用职务便利提供的。

上述四种情形不得认定为立功,是由其行为本身的违法性所决定的,任何人不得从其违法行为中获利,是一个基本的司法准则。其中,第三、四种情形属于国家工作人员滥用公权,其本身即为违纪、违法甚至是犯罪行为。

讨论中,有意见提出,来源不正当的应一概不认定为立功。经研究,“不正当”一词过于模糊,内涵外延难以界定。而且,不正当手段是否一概作为排除立功认定的事由,需作进一步研究。比如,在押人员之间的“买功”行为,是否属于不正当手段以及是否一概不应认定为立功,均存疑问,故未采纳。

5. 重大立功中无期徒刑以上刑罚的理解

根据《最高人民法院关于处理自首和立功具体应用法律若干问题的解释》的有关规定,犯罪分子检举、揭发他人犯罪,提供侦破其他案件的重要线索,阻止他人的犯罪活动,或者协助司法机关抓捕的其他犯罪嫌疑人,犯罪嫌疑人、被告人依法可能被判处无期徒刑以上刑罚的,应当认定为有重大立功表现。对于这里的“可能被判处无期徒刑以上刑罚”的判断依据,司法实践中存在法定刑、宣告刑、执行刑等不同看法。比如,有意见认为,“可能被判处无期徒刑以上刑罚”,是指根据被检举、揭发的犯罪行为本身的严重程度来判断该行为可能判处无期徒刑以上刑罚。案件结案后,是否实际判处无期徒刑以上刑罚,不影响重大立功的认定。据此意见,在有确定的判决作为认定依据的情形下,如果被检举、揭发、协助抓获的罪犯的犯罪行为本身应当依法判处无期徒刑以上刑罚,只是由于该罪犯具有自首、立功、未成年人等犯罪行为事实以外的从轻、减轻量刑情节而被判处有期徒刑以下刑罚的,对该罪犯仍应认定“重大犯罪嫌疑人”。另有意见认为,“可能被判处无期徒刑以上刑罚”应当理解为针对人民法院对有关人员尚未作出判决情形下所作的规定。相关“重大案件”已经作出判决,被检举、揭发、协助抓获的罪犯已经被实际判处有期徒刑以下刑罚的,表明该罪犯已经不存在判处无期徒刑以上刑罚的可能性,因而不应对检举者、揭发者、协助抓获者认定为重大立功。唯有如此,才能找到明确的判断界限。

经研究,上述两种意见均有可取之处但又失于绝对,《意见》在综合两种意见的基础上规定,“可能被判处无期徒刑以上刑罚,是指根据犯罪行为的事实、情节可能判处无期徒刑以上刑罚。案件已经判决的,以实际判处的刑罚为准。但是,根据犯罪行为的事实、情节应当判处无期徒刑以上刑罚,因被判刑人有法定情节经依法从轻、减轻处罚后判处有期徒刑的,应当认定为重大立功”。

在理解本规定时,应注意以下两点:

第一,“可能被判处无期徒刑以上刑罚”,是指根据立功行为实施时就已经存在的案件的主客观事实、情节,依法可能被判处无期徒刑以上刑罚。

第二,案件已经判决的,除因被判刑人在立功行为实施后形成新的量刑情节经依法从轻、减轻处罚后判处有期徒刑之外,应当以实际判处的刑罚为准。

6. 立功情节的具体运用

对于具有立功表现的犯罪分子,在具体适用刑罚时应当充分考虑犯罪行为和立功表现两个方面的具体情况。为方便实践操作,《意见》对该两个方面的具体情况均作了细化规定。

(三)关于如实交代犯罪事实的认定和处理

《意见》第三条对依法不成立自首,但如实交代犯罪事实的犯罪分子,区分具体情况提出了程度不同的处理意见。本条规定的情形属于“坦白”范畴,但较通常理解的坦白范围要窄一些。一般而言,犯罪分子在被动归案后,如实供述自己的罪行,不管司法机关掌握程度如何,均应视为坦白。《意见》仅列举了四种情形,为避免逻辑上的不周延,故未使用“坦白”这一称谓。

坦白是一个酌定量刑情节,实践中没有疑问。《意见》之所以特别强调坦白的量刑意义,主要有两点考虑:一是宽严相济。坦白对于案件的侦破和顺利起诉、审判,具有重要作用,特别是在一些较为隐蔽、难以取证的职务犯罪案件中，坦白所起的作用不一定小于自首等法定量刑情节，而这一点往往为我们办案人员所忽视，在量刑上没有得到应有的体现。二是疏堵并举。刑法在贪污、受贿罪的法定刑规定上存在一些不足，集中体现在计赃论罚这一单一量刑模式所带来的量刑失衡问题。为实现量刑均衡，一些检察院、法院在个别案件处理上有意识地放宽自首的认定标准。《意见》在严格自首认定条件的同时，强调坦白在量刑中的作用，既有效防止了自首认定的随意性，又能确保在法律限度内尽可能地实现个案公正。

《意见》列举了四种坦白情形，即(1)办案机关掌握部分犯罪事实，犯罪分子交代了同种其他犯罪事实的；(2)办案机关掌握的证据不充分，犯罪分子如实交代有助于收集定案证据的；(3)办案机关仅掌握小部分犯罪事实，犯罪分子交代了大部分未被掌握的同种犯罪事实的；(4)如实交代对于定案证据的收集有重要作用的，是对职务犯罪案件办理实践的经验总结，同时也是量刑方面的实际需要。具有本条规定的坦白情节的，量刑上均应不同程度地加以考虑，特别是后两种情形，一般应当从轻处罚。对于司法机关已经完全掌握犯罪分子的犯罪事实情况下的坦白，量刑上则不一定要考虑，实践意义不大，故《意见》未作规定。

对于本条列举的情形，讨论中存在一些不同意见。

一种意见认为，对于主动交代司法机关未掌握的同种罪行，尤其是在主动交代的犯罪事实成为案件的主要犯罪事实的，是否一概认定为坦白，理论和实践均存在争议。鉴于职务犯罪案件自身的特点和此类案件查办工作的特殊性，从有利于敦促犯罪分子悔罪、交代余罪的办案需要出发，建议区分情况，将犯罪分子交代同种主要犯罪事实的，以自首论。经研究，对于交代同种犯罪事实的处理，《最高人民法院关于处理自首和立功具体应用法律若干问题的解释》已有明确规定，而且区分主要犯罪事实和次要犯罪事实在实践中不易操作，故未采纳。

另一种意见认为，“如实交代对于定案证据的收集有重要作用”，意味着办案机关掌握的证据不充分，不交代不足以认定犯罪。此种情形类似于因形迹可疑被盘查而主动交代犯罪事实的情形，应以自首论。经研究，形迹可疑意味着犯罪事实尚未被发觉，与这里所规定的基于一定的证据而对犯罪事实有所发觉的情形存在根本性的不同。而且，从案件查办活动看，证据的收集一般都有一个渐次充实的过程，故未采纳。

（四）关于赃款赃物追缴等情形的处理

对该问题，《意见》主要明确了三点意见：一是赃款赃物追缴对于贪污和受贿在量刑意义上应当有所不同；二是“退赃”与“追赃”的量刑意义应当适当区分；三是立案后挽回的经济损失或者因客观原因减少的损失不影响损失后果的认定。

1.《意见》规定，赃款赃物全部或者大部分追缴的，贪污案件一般应当考虑从轻处罚，受贿案件则需视具体情况酌定从轻处罚。这里区分贪污与受贿，主要是考虑到贪污和受贿在侵害客体上各有侧重：前者主要侵犯的是公共财产关系，退赃对此具有一定的恢复补救作用；后者主要侵犯的是职务廉洁性或者不可收买性，危害性主要体现在国家、人民利益遭受重大损失或者恶劣社会影响方面，退赃对此不具有直接的补救作用。如郑筱萸一案，尽管受贿赃款全部追回，但考虑到其受贿行为造成了特别重大的损失和极为恶劣的影响，仍然被依法从重处理。

2.《意见》规定，犯罪分子及其亲友主动退赃或者在办案机关追缴赃款赃物过程中积极配合的，在量刑时应当与办案机关查办案件过程中依职权追缴赃款赃物的有所区别。区分主动退赃和办案机关依职权追缴，主要原因是两者所反映出来的主观认罪态度存在明显差别。特别在此加以说明，主要是考虑到当前实践中存在一种倾向，只要赃款追回的，都一概视为有退赃表现，而不再细究犯罪分子(或其家属)在赃款追缴过程中的主观态度或者实际作用。这种只问结果不问过程的做法,客观上导致了一些职务犯罪分子被不当从轻处罚。

3.《意见》规定,经济损失的计算以立案时为准,立案后挽回的经济损失或者因客观原因减少的损失不影响职务犯罪案件特别是渎职侵权案件损失后果的认定。应当说,该认定原则在此前相关司法文件中业已明确。比如,2006年发布的《最高人民检察院关于渎职侵权犯罪案件立案标准的规定》即明确:"直接经济损失和间接经济损失,是指立案时确已造成的经济损失。"这里再次重申,主要是考虑到不同司法机关之间在此问题上仍然存在分歧。同时,考虑到立案后挽回经济损失,因客观原因损失减少(如股市上涨股值提升等),在客观上降低了犯罪行为的社会危害性,《意见》将立案后挽回经济损失或者因客观原因损失减少的情形规定为酌定从轻量刑情节。

(作者单位:最高人民法院刑二庭)

最高人民法院

关于贯彻宽严相济刑事政策的若干意见(节录)

(2010年2月8日 法发〔2010〕9号)

宽严相济刑事政策是我国的基本刑事政策,贯穿于刑事立法、刑事司法和刑罚执行的全过程,是惩办与宽大相结合政策在新时期的继承、发展和完善,是司法机关惩罚犯罪,预防犯罪,保护人民,保障人权,正确实施国家法律的指南。为了在刑事审判工作中切实贯彻执行这一政策,特制定本意见。

……

17. 对于自首的被告人,除了罪行极其严重、主观恶性极深、人身危险性极大,或者恶意地利用自首规避法律制裁者以外,一般均应当依法从宽处罚。

对于亲属以不同形式送被告人归案或协助司法机关抓获被告人而认定为自首的,原则上都应当依法从宽处罚;有的虽然不能认定为自首,但考虑到被告人亲属支持司法机关工作,促使被告人到案、认罪、悔罪,在决定对被告人具体处罚时,也应当予以充分考虑。

18. 对于被告人检举揭发他人犯罪构成立功的,一般均应当依法从宽处罚。对于犯罪情节不是十分恶劣,犯罪后果不是十分严重的被告人立功的;从宽处罚的幅度应当更大。

……

26. 在对严重刑事犯罪依法从严惩处的同时,对被告人具有自首、立功、从犯等法定或酌定从宽处罚情节的,还要注意宽以济严,根据犯罪的具体情况,依法应当或可以从宽的,都应当在量刑上予以充分考虑。

……

33. 在共同犯罪案件中,对于主犯或首要分子检举、揭发同案地位、作用较次犯罪分子构成立功的,从轻或者减轻处罚应当从严掌握,如果从轻处罚可能导致全案量刑失衡的,一般不予从轻处罚;如果检举、揭发的是其他犯罪案件中罪行同样严重的犯罪分子,或者协助抓获的是同案中的其他主犯、首要分子的,原则上应予依法从轻或者减轻处罚。对于从犯或犯罪集团中的一般成员立功,特别是协助抓获主犯、首要分子的,应当充分体现政策,依法从轻、减轻或者免除处罚。

……

最高人民法院
人民法院量刑指导意见(试行)

(2010 年 9 月 13 日　法发〔2010〕36 号)

为进一步规范刑罚裁量权,贯彻落实宽严相济的刑事政策,增强量刑的公开性,实现量刑均衡,维护司法公正,根据刑法和刑事司法解释的有关规定,结合审判实践,制定本意见。

……

三、常见量刑情节的适用

量刑时要充分考虑各种法定和酌定量刑情节,根据案件的全部犯罪事实以及量刑情节的不同情形,依法确定量刑情节的适用及其调节比例。对严重暴力犯罪、黑社会性质组织犯罪、毒品犯罪,在确定从宽的幅度时,要从严掌握;对较轻的犯罪要充分体现从宽的政策。对以下常见量刑情节,可以在相应的幅度内确定具体调节比例。本意见尚未规定的其他量刑情节,在量刑时也要予以考虑,并确定适当的调节比例。

……

4. 对于自首情节,综合考虑投案的动机、时间、方式、罪行轻重、如实供述罪行的程度以及悔罪表现等情况,可以减少基准刑的 40% 以下;犯罪较轻的,可以减少基准刑的 40% 以上或者依法免除处罚。

5. 对于立功情节,综合考虑立功的大小、次数、内容、来源、效果以及罪行轻重等情况,确定从宽的幅度。

(1)一般立功的,可以减少基准刑的20%以下;

(2)重大立功的,可以减少基准刑的20% ~50%;犯罪较轻的,可以减少基准刑的50%以上或者依法免除处罚。

……

最高人民法院
关于审理未成年人刑事案件具体应用法律若干问题的解释(节录)

(2005 年 12 月 12 日由最高人民法院审判委员会第 1373 次会议通过,2006 年 1 月 11 日公布,自 2006 年 1 月 23 日起施行)
法释〔2006〕1 号

为正确审理未成年人刑事案件,贯彻“教育为主,惩罚为辅”的原则,根据刑法等有关法律的规定,现就审理未成年人刑事案件具体应用法律的若干问题解释如下:

……

第十七条 未成年罪犯根据其所犯罪行,可能被判处拘役、三年以下有期徒刑,如果悔罪表现好,并具有下列情形之一的,应当依照刑法第三十七条的规定免予刑事处罚:

(一)系又聋又哑的人或者盲人;

(二)防卫过当或者避险过当;

(三)犯罪预备、中止或者未遂;

(四)共同犯罪中从犯、胁从犯;

(五)犯罪后自首或者有立功表现;

(六)其他犯罪情节轻微不需要判处刑罚的。

……

最高人民法院
关于印发全国部分法院审理毒品犯罪案件工作座谈会纪要的通知(节录)

(2008年12月1日　法〔2008〕324号)

近年来,全国法院认真贯彻落实国家禁毒法律和政策,始终把打击毒品犯罪作为刑事审判工作的一项重要任务,依法严惩了一大批毒品犯罪分子,为净化社会环境,保护公民身心健康,维护社会和谐稳定作出了重要贡献。但是,由于国际国内各方面因素的影响,我国的禁毒形势仍然十分严峻。人民法院一定要从民族兴衰和国家安危的高度,深刻认识惩治毒品犯罪的极端重要性和紧迫性,认真贯彻执行刑法、刑事诉讼法和禁毒法的有关规定,坚持"预防为主,综合治理,禁种、禁制、禁贩、禁吸并举"的禁毒工作方针,贯彻宽严相济的刑事政策,充分发挥刑事审判职能,严厉打击严重毒品犯罪,积极参与禁毒人民战争和综合治理工作,有效遏制毒品犯罪发展蔓延的势头。

为了进一步加强毒品犯罪案件的审判工作,依法惩治毒品犯罪,最高人民法院于2008年9月23日至24日在辽宁省大连市召开了全国部分法院审理毒品犯罪案件工作座谈会。最高人民法院张军副院长出席座谈会并作讲话。座谈会在2000年在南宁市召开的“全国法院审理毒品犯罪案件工作座谈会”及其会议纪要、2004年在佛山市召开的“全国法院刑事审判工作座谈会”和2007年在南京市召开的“全国部分法院刑事审判工作座谈会”精神的基础上,根据最高人民法院统一行使死刑案件核准权后毒品犯罪法律适用出现的新情况,适应审理毒品案件尤其是毒品死刑案件的需要,对最高人民法院“关于全国法院审理毒品犯罪案件工作座谈会纪要”(即“南宁会议纪要”)、有关会议领导讲话和有关审理毒品犯罪案件规范性文件的相关内容进行了系统整理和归纳完善,同时认真总结了近年来全国法院审理毒品犯罪案件的经验,研究分析了审理毒品犯罪案件中遇到的新情况、新问题,对人民法院审理毒品犯罪案件尤其是毒品死刑案件具体应用法律的有关问题取得了共识。现纪要如下:

……

二、毒品犯罪的死刑适用问题

毒品数量达到实际掌握的死刑数量标准,具有下列情形之一的,可以不判处被告人死刑立即执行:(1)具有自首、立功等法定从宽处罚情节的;(2)已查获的毒品数量未达到实际掌握的死刑数量标准,到案后坦白尚未被司法机关掌握的其他毒品犯罪,累计数量超过实际掌握的死刑数量标准的;(3)经鉴定毒品含量极低,掺假之后的数量才达到实际掌握的死刑数量标准的,或者有证据表明可能大量掺假但因故不能鉴定的;(4)因特情引诱毒品数量才达到实际掌握的死刑数量标准的;(5)以贩养吸的被告人,被查获的毒品数量刚达到实际掌握的死刑数量标准的;(6)毒品数量刚达到实际掌握的死刑数量标准,确属初次犯罪即被查获,未造成严重危害后果的;(7)共同犯罪毒品数量刚达到实际掌握的死刑数量标准,但各共同犯罪人作用相当,或者责任大小难以区分的;(8)家庭成员共同实施毒品犯罪,其中起主要作用的被告人已被判处死刑立即执行,其他被告人罪行相对较轻的;(9)其他不是必须判处死刑立即执行的。

……

七、毒品案件的立功问题

共同犯罪中同案犯的基本情况,包括同案犯姓名、住址、体貌特征、联络方式等信息,属于被告人应当供述的范围。公安机关根据被告人供述抓获同案犯的,不应认定其有立功表现。被告人在公安机关抓获同案犯过程中确实起到协助作用的,例如,经被告人现场指认、辨认抓获了同案犯;被告人带领公安人员抓获了同案犯;被告人提供了不为有关机关掌握或者有关机关按照正常工作程序无法掌握的同案犯藏匿的线索,有关机关据此抓获了同案犯;被告人交代了与同案犯的联系方式,又按要求与对方联络,积极协助公安机关抓获了同案犯等,属于协助司法机关抓获同案犯,应认定为立功。

关于立功从宽处罚的把握,应以功是否足以抵罪为标准。在毒品共同犯罪案件中,毒枭、毒品犯罪集团首要分子、共同犯罪的主犯、职业毒犯、毒品惯犯等,由于掌握同案犯、从犯、马仔的犯罪情况和个人信息,被抓获后往往能协助抓捕同案犯,获得立功或者重大立功。对其是否从宽处罚以及从宽幅度的大小,应当主要看功是否足以抵罪,即应结合被告人罪行的严重程度、立功大小综合考虑。要充分注意毒品共同犯罪人以及上、下家之间的量刑平衡。对于毒枭等严重毒品犯罪分子立功的,从轻或者减轻处罚应当从严掌握。如果其罪行极其严重,只有一般立功表现,功不足以抵罪的,可不予从轻处罚;如果其检举、揭发的是其他犯罪案件中罪行同样严重的犯罪分子,或者协助抓获的是同案中的其他首要分子、主犯,功足以抵罪的,原则上可以从轻或者减轻处罚;如果协助抓获的只是同案中的从犯或者马仔,功不足以抵罪,或者从轻处罚后全案处刑明显失衡的,不予从轻处罚。相反,对于从犯、马仔立功,特别是协助抓获毒枭、首要分子、主犯的,应当从轻处罚,直至依法减轻或者免除处罚。

被告人亲属为了使被告人得到从轻处罚，检举、揭发他人犯罪或者协助司法机关抓捕其他犯罪人的，不能视为被告人立功。同监犯将本人或者他人尚未被司法机关掌握的犯罪事实告知被告人，由被告人检举揭发的，如经查证属实，虽可认定被告人立功，但是否从宽处罚、从宽幅度大小，应与通常的立功有所区别。通过非法手段或者非法途径获取他人犯罪信息，如从国家工作人员处贿买他人犯罪信息，通过律师、看守人员等非法途径获取他人犯罪信息，由被告人检举揭发的，不能认定为立功，也不能作为酌情从轻处罚情节。

最高人民法院、最高人民检察院、公安部、司法部

关于依法惩治拐卖妇女儿童犯罪的意见(节录)

(2010年3月15日　法发〔2010〕7号)

为加大对妇女、儿童合法权益的司法保护力度,贯彻落实《中国反对拐卖妇女儿童行动计划(2008—2012)》,根据刑法、刑事诉讼法等相关法律及司法解释的规定,最高人民法院、最高人民检察院、公安部、司法部就依法惩治拐卖妇女、儿童犯罪提出如下意见:

……

32. 具有从犯、自首、立功等法定从宽处罚情节的,依法从轻、减轻或者免除处罚。

对被拐卖的妇女、儿童没有实施摧残、虐待等违法犯罪行为,或者能够协助解救被拐卖的妇女、儿童,或者具有其他酌定从宽处罚情节的,可以依法酌情从轻处罚。

33. 同时具有从严和从宽处罚情节的,要在综合考察拐卖妇女、儿童的手段、拐卖妇女、儿童或者收买被拐卖妇女、儿童的人次、危害后果以及被告人主观恶性、人身危险性等因素的基础上,结合当地此类犯罪发案情况和社会治安状况,决定对被告人总体从严或者从宽处罚。

……

最高人民法院、最高人民检察院、公安部、司法部
关于进一步严格依法办案确保办理死刑案件质量的意见(节录)

(2007年3月9日　法发〔2007〕11号)

中央决定改革授权高级人民法院行使部分死刑案件核准权的做法,将死刑案件核准权统一收归最高人民法院行使,并要求严格依照法律程序办案,确保死刑案件的办理质量。2006年10月31日,全国人大常委会通过《关于修改〈中华人民共和国人民法院组织法〉的决定》,决定从2007年1月1日起由最高人民法院统一行使死刑案件核准权。为认真落实中央这一重大决策部署,现就人民法院、人民检察院、公安机关、司法行政机关严格依法办理死刑案件提出如下意见:

……

51. 在审判过程中,发现被告人可能有自首、立功等法定量刑情节,需要补充证据或者补充侦查的,人民检察院应当建议延期审理。延期审理的时间不能超过一个月。查证被告人揭发他人犯罪行为,人民检察院根据犯罪性质,可以依法自行查证,属于公安机关管辖的,可以交由公安机关查证。人民检察院应当将查证的情况在法律规定的期限内及时提交人民法院。

……

最高人民法院、最高人民检察院、公安部
关于印发《办理黑社会性质组织犯罪案件座谈会纪要》的通知(节录)

(2009年12月9日　法〔2009〕382号)

为正确理解和适用刑法、立法解释、司法解释关于黑社会性质组织犯罪的有关规定,依法及时、准确、有力地惩治黑社会性质组织犯罪,最高人民法院、最高人民检察院、公安部于2009年7月15日在北京召开了办理黑社会性质组织犯罪案件座谈会。会议总结了各级人民法院、人民检察院和公安机关办理黑社会性质组织犯罪案件所取得的经验,分析了当前依法严惩黑社会性质组织犯罪面临的严峻形势,研究了办理黑社会性质组织犯罪案件遇到的适用法律问题,就人民法院、人民检察院和公安机关正确适用法律,严厉打击黑社会性质组织犯罪形成了具体意见。会议纪要如下:

……

(二)关于办理黑社会性质组织犯罪案件的其他问题

5. 关于黑社会性质组织成员的立功问题。积极参加者、其他参加者配合司法机关查办案件,有提供线索、帮助收集证据或者其他协助行为,并对侦破黑社会性质组织犯罪案件起到一定作用的,即使依法不能认定立功,一般也应酌情对其从轻处罚。组织者、领

导者检举揭发与该黑社会性质组织及其违法犯罪活动有关联的其他犯罪线索，即使依法构成立功或者重大立功，在量刑时也应从严掌握。

……

最高人民法院、最高人民检察院、海关总署
关于办理走私刑事案件适用法律若干问题的意见（节录）

（2002年7月8日　法〔2002〕139号）

……

二十一、关于单位走私犯罪案件自首的认定问题

在办理单位走私犯罪案件中，对单位集体决定自首的，或者单位直接负责的主管人员自首的，应当认定单位自首。认定单位自首后，如实交代主要犯罪事实的单位负责的其他主管人员和其他直接责任人员，可视为自首，但对拒不交代主要犯罪事实或逃避法律追究的人员，不以自首论。

……

最高人民法院、最高人民检察院
关于办理受贿刑事案件适用法律若干问题的意见(节录)

(2007 年 7 月 8 日　法发〔2007〕22 号)

……

十二、关于正确贯彻宽严相济刑事政策的问题

依照本意见办理受贿刑事案件,要根据刑法关于受贿罪的有关规定和受贿罪权钱交易的本质特征,准确区分罪与非罪、此罪与彼罪的界限,惩处少数,教育多数。在从严惩处受贿犯罪的同时,对于具有自首、立功等情节的,依法从轻、减轻或者免除处罚。

最高人民法院、最高人民检察院、公安部、国家安全部、司法部关于办理死刑案件审查判断证据若干问题的规定(节录)

(2010年6月24日　法发〔2010〕20号)

为依法、公正、准确、慎重地办理死刑案件,惩罚犯罪,保障人权,根据《中华人民共和国刑事诉讼法》等有关法律规定,结合司法实际,制定本规定。

……

第三十九条　被告人及其辩护人提出有自首的事实及理由,有关机关未予认定的,应当要求有关机关提供证明材料或者要求相关人员作证,并结合其他证据判断自首是否成立。

被告人是否协助或者如何协助抓获同案犯的证明材料不全,导致无法认定被告人构成立功的,应当要求有关机关提供证明材料或者要求相关人员作证,并结合其他证据判断立功是否成立。

被告人有检举揭发他人犯罪情形的,应当审查是否已经查证属实;尚未查证的,应当及时查证。

……

REFFERENCE TO CRIMINAL TRIAL

CONTENTS

CASES

图书在版编目(CIP)数据

刑事审判参考.2011年第3集:总第80集/最高人民法院刑事审判一至五庭主办.—北京:法律出版社,2011.11

ISBN 978-7-5118-2736-4

Ⅰ.①刑… Ⅱ.①最… Ⅲ.①刑事诉讼—审判—中国—参考资料 Ⅳ.①D925.218.2

中国版本图书馆CIP数据核字(2011)第226802号

责任编辑/聂 颖 **装帧设计**/李 瞻

出版/法律出版社 **编辑统筹**/法律应用出版分社
总发行/中国法律图书有限公司 **经销**/新华书店
印刷/北京中科印刷有限公司 **责任印制**/陶 松

开本/A5 **印张**/7.375 **字数**/173千
版本/2011年12月第1版 **印次**/2011年12月第1次印刷

法律出版社/北京市丰台区莲花池西里7号(100073)
电子邮件/info@lawpress.com.cn **销售热线**/010-63939792/9779
网址/www.lawpress.com.cn **咨询电话**/010-63939796

中国法律图书有限公司/北京市丰台区莲花池西里7号(100073)
全国各地中法图分、子公司电话:
第一法律书店/010-63939781/9782 **西安分公司**/029-85388843 **重庆公司**/023-65382816/2908
上海公司/021-62071010/1636 **北京分公司**/010-62534456 **深圳公司**/0755-83072995

书号:ISBN 978-7-5118-2736-4 **定价:**28.00元

(如有缺页或倒装,中国法律图书有限公司负责退换)

征稿启事

《刑事审判参考》是最高人民法院刑事审判第一、二、三、四、五庭共同主办、法律出版社出版、面向国内外公开发行的刑事司法业务指导和研究性刊物。2011 年出版六集。

为能够以最前沿的视野、最权威的高度和最贴近刑事司法实践的方式编辑本书,欢迎读者向本书以下栏目提供稿件:

(一)指导案例。在认定事实、采信证据和适用法律、司法解释定罪处刑问题上具有研究价值和指导意义的典型、疑难案件,并须附寄加盖人民法院院印的一、二审裁判文书。

(二)经验交流。地方司法机关制定的刑事司法规范性文件及其背景说明;地方人民法院院长、副院长在刑事审判工作会议上的讲话,等等。

(三)实务探讨。对某一类实务问题提出的解决方案。

(四)裁判文书。具有较强说理性、体现法官适用普遍的法律规范解决具体的疑难、复杂案件的智慧的优秀裁判文书。

(五)编辑部答疑。读者在刑事司法实践中遇到法律适用方面的疑难、复杂问题。

(六)审判实务释疑。针对刑事审判实务中的争议问题进行分析、探讨。

(七)疑案争鸣。针对刊登的疑难案例争议问题进行分析,发表观点。

来稿请注明作者的联系方式(包括地址、邮编和电话)。除

"编辑部答疑"、"疑案争鸣"外,来稿一经采用,按著作权法的规定支付稿酬。凡在本刊发表的文章,自发表之日起一年内,作者如在其他刊物发表,须经本刊同意。因一稿多投,给本刊造成损失的,本刊将依法追究责任。来稿一律不退,如需退稿,请声明并附足邮资。

来稿(案例须附裁判文书,裁判文书请书面邮寄正本)可向以下任何一位执行编辑投递,但为避免各庭之间采稿重复,来稿不可同时多投。

北京市东城区北花市大街9号最高人民法院刑一庭　冉　容
gfdg2011@sina.com
北京市东城区北花市大街9号最高人民法院刑二庭　刘晓虎
longfan2001@163.com
北京市东城区北花市大街9号最高人民法院刑三庭　陈　攀
chenpan@yeah.net
北京市东城区北花市大街9号最高人民法院刑四庭　陆建红
Lu_jianhong@126.com
北京市东城区北花市大街9号最高人民法院刑五庭　方文军
fwjzgf@sina.com
邮编:100062

最高人民法院刑事审判第一、二、三、四、五庭